La historia de Artur Venganza

ISBN 9798507400522

Kindle Direct Publishing

Paperback edition 2021

ERIC BLANCO

LA HISTORIA DE ARTUR VENGANZA

ÍNDICE

A aquella persona que sufre y me
acompaña en todas mis locuras,
ayudándome a desenterrar mis sueños

CAPÍTULO 1

Desperté en la habitación del Hotel Majestic con la nariz reseca, será de toda la cocaína de ayer. Malditos ecologistas, siempre van con sus moralinas y sus lecciones de vida y, en el fondo, son más viciosos que cualquiera que te puedes echar a la cara.

Tuvimos una reunión con el comité de energía de la ONG ecologista Greenworld, porque querían mostrarnos su "preocupación y rechazo" al nuevo acuerdo que había alcanzado el gobierno para la importación de petróleo desde Costa de Marfil. Quién iba a imaginar que ese país subdesarrollado, encontraría el mayor nacimiento de petróleo de la historia. Mucha preocupación, pero al final, como todos, los cubres de dinero, putas y cocaína y parece que sus problemas medioambientales se esconden detrás de la resaca.

Conforme me levanto, veo a las cuatro putas que llamamos ayer. Servicio de alto standing, muy caro, a cargo de los contribuyentes y, faltaría más, muy discreto. Sin embargo, no sé cuándo disfruto más, cuando las agasajamos al llegar, como si fueran unas señoritas que hemos ligado, mostrando nuestros mejores encantos y mejor educación, o a la mañana siguiente cuando las trato como basura.

Mi nombre es Artur Venganza. Soy político. Yo creo que ya nací político. Desde que era pequeño y escuchaba a mis padres quejarse tanto del gremio, que si eran unos listos, que si no pegaban ni chapa y vivían a todo tren, pensé: "cojones, yo quiero ser político". Por ello, desde que acabó mi adolescencia, me apunté a las juventudes del partido Azul verdoso, el que es considerado conservador progresista. Estudié la carrera de derecho, con unas notas más bien mediocres, cursando un máster, en el que no realicé un solo ejercicio o examen, de ciencias políticas y sociología.

Antes de salir de la habitación del hotel, me di una ducha

de agua fría, de la cual apenas sentí nada en mi piel, pero consiguió espabilarme lo justo. Bebí tres botellines de agua y pedí un café con leche al servicio de habitaciones.

Mi trabajo en el partido, actualmente el partido gobernante, es de coordinador interministerial. Un cargo que se inventó el partido de la oposición, el Verde azulado, de corte progresista conservador, en su último mandato. El trabajo, he de reconocer, está bastante bien. Intento ayudar a los ministros en las crisis que se les presentan en cada cartera, a lo cual me ofrezco encantado. La mayoría de las crisis, acaban con una cogorza de escándalo y un notable sobresueldo, del que yo me llevo mi comisión, y, en las mejores ocasiones, como ayer, tenemos un cargamento de cocaína y putas para regalar. Añado que, en el caso que la crisis no sea solucionada, el que carga con la responsabilidad de cara al público siempre es para el ministro de turno; un chollo redondo.

Cuando subo al coche oficial, el chófer me saluda afablemente. A pesar que son las diez de la mañana y, el pobre idiota, lleva esperándome desde las siete. Supongo que son ventajas del cargo, todos te tienen tanto miedo que son siempre amables, aunque les estés dando bien por el culo.

Llego al ministerio de Sanidad. El actual ministro, Cristóbal Blasco, tiene un gran problema con los sindicatos. El tío es un trabajador abnegado, no es de los que desfasa con los sobresueldos, ni se le conocen escándalos de faldas. Ni siquiera con putas. Pero la negociación ésta, parece que se le está atravesando. En su despacho me cuenta que los sindicatos quieren aumentar el sueldo anual de los trabajadores del sector público un medio punto porcentual por encima de IPC anual, siendo la subida mínima de uno por ciento, y medio punto más conforme subimos la escala profesional. Pobre diablo, se cree que la empresa es suya y le están restando sus ingresos anuales. Le digo que no se preocupe, que tengamos esa reunión con los sindicatos y me deje hablar a mí.

A pesar que no estoy nada fresco mentalmente, creo que podré llevar adelante la negociación. Antes, me atrevo a llamar a mi esposa, la encantadora para todo el mundo, menos para mí, Teresa Lafarga. No puedo contar cómo nos enamoramos porque nunca lo estuvimos. Simplemente nos conocimos en una recepción que daban los ricachones de sus padres a nuestro partido, vi el filón, follamos y, en un abrir y cerrar de ojos, estábamos comprometidos. Reconozco que es una faceta más de mi trabajo, cumplir con mis deberes como cabeza de familia. Me está dando la paliza con mi disponibilidad el próximo puente para ir a alguna playa paradisíaca, le digo que seguramente sí podré estar libre, que coja ya billetes y hotel para nosotros y el tonto del culo de nuestro hijo. Mi estrategia es la de siempre, me inventaré una crisis de última hora y se irán solos. Así estaré unos días solo, quizás el único tiempo cuando soy verdaderamente yo o quizás no.

Los sindicalistas tienen rostro serio y ofendido. Yo en cambio me muestro galante y hasta simpático. Nos vuelven a explicar todas sus reivindicaciones, principalmente monetarias, mientras pienso que el gilipollas este de Cristóbal lleva meses con el problema y, ciertamente, no había avanzado nada. Creo que le falta un poco de Marlon Brando para la situación. Les explico que sus reivindicaciones son más que aceptables y comprensibles, pero la economía del país, es la que es. Por ello les ofrezco, como última oferta del gobierno, ya que para eso me han enviado a mí, doblar el sueldo de los dirigentes sindicalistas, doblarles también los días de vacaciones y al resto de empleados, les daremos dos días más de vacaciones al año y una ganancia del diez por ciento de aquí a diez años; es decir, calderilla. Mientras les contaba la propuesta, habían quedado tan impresionados con su aumento de sueldo, que no pudieron hacerse bien a la idea de la oferta para el resto; les dijimos que lo publicitaran como su gran logro, que nos habían apretado hasta sacarnos los ojos. Con todos los meses que había perdido Cristóbal, lo último que imaginaría la gente es que lo habíamos arreglado todo en una mañana. Por último, le dije a él personalmente que no se comporte como que el dinero es suyo, que sea más generoso y se evitará problemas, a él, a mí y al partido. Para eso pagan los contribuyentes, para no tener que opinar sobre esos problemas.Después de haber apagado el millonésimo fuego de mi carrera, me fui directo a comer al restaurante de moda de la ciudad. Un sitio carísimo donde te ponían no sé qué parte del cordero macerado durante una semana en oro y cerezas y, ciertamente, estaba delicioso. A pesar que mi paladar no era precisamente una fiesta. Allí me encontré con el secretario de partido, José Luis. Un auténtico hijo de puta que era mejor tenerlo de tu lado. Al final, era quien decidía qué se hacía en el partido, incluso con más fuerza que el propio presidente, un malvado con muy buena planta y un buen discurso de equilibrista.

Por la tarde teníamos reunión del gobierno. Habíamos sido todos llamados para comentar cómo iban las cosas de cara a las elecciones que tendríamos en los próximos meses. Qué patatas calientes habíamos tenido, qué crisis faltaban por solucionar, problemas de imagen que nos costarían votos… esas cosillas.

Llegamos todos en nuestros coches oficiales. Todos los ministros llegaron con sus consejeros, sus manos derechas. Yo, como siempre, llegué solo. Yo no tengo, ni necesito, mano derecha, consejeros, ni nada parecido. Lo cierto es que trabajo mejor solo.

El presidente Sergio Tacón, presidía la mesa de ministros. Los consejeros, como rango inferior, los teníamos sentados en unas sillas mucho más incómodas detrás de cada uno de sus jefes, para susurrar al oído lo que debía decir cada ministro sin caer en el más absoluto ridículo. Estuvimos un buen rato comentando los problemas de nuestra legislatura, como los sobresueldos que nos descubrieron parcialmente, menos mal, a la modernización de los trenes (sólo cambiamos la chapa y los pintamos, cuando comunicamos la compra de la mitad de la flota de última generación), los problemas con la política de inmigración o la venta de los planes de pensiones a los bancos; éste último sí generó mucha controversia, tuvimos que servirnos de forma prolongada, hasta que se disipó la atención de la gente, de los medios de comunicación para que vendieran dicha reforma como necesaria para la subsistencia de la futura pensión de cada uno de los ciudadanos. La nuestra no, faltaría más, tenemos un sueldo vitalicio que, aunque no llegue a los cinco ceros como ahora, si nos proporciona la mitad de dicha cifra sin hacer nada.

Como siempre hacemos cuando acabamos estas reuniones, nos marchamos todos a echar copas al pub Sotavento, un sitio de mucha categoría al lado de nuestro centro de operaciones, muy discreto y con capacidad para pasar las cuentas al gobierno. El ron corría que daba gusto. A las dos horas de estar ahí, los más tranquilos ya se habían retirado.

Quedábamos los crápulas de siempre, además del presidente, que llevaba una cogorza alucinante. El presi no hacía más que levantarle la falda a la camarera para poder verle las bragas y, claro está, todos tuvimos que reírle la gracia (a partir de la quinta levantada, la gracia era nula). Comentábamos la estrategia a seguir en los próximos meses, acordamos llevar un perfil bajo para conseguir no meter la pata hasta las próximas elecciones y atacar al Verde azulado en cuanto abrieran la boca. Como aprendimos en la asignatura del máster llamada memoria colectiva: repetir las mentiras, si no son escandalosas, un determinado número de veces y por un determinado número de profesionales, le otorgaba la condición de verdad para la mayoría de la población, la cual era no informada y apenas leída.

Cumplimos la tradición de finalizar las reuniones en el Sotavento, yéndonos de putas. Yo no tenía el cuerpo para eso. Me limité a disfrutar de las elecciones y peticiones de cada uno de mis compañeros a las chicas. Mientras, esperaba en la barra con mi nosécuántos ron-cola, pensando cómo iba a enfocar mi carrera en el caso de que no saliéramos elegidos. Coordinador interministerial, era el mejor trabajo que había tenido nunca. Ya me había tocado hacer la mili como secretario de juventudes, como consejero en diferentes momentos y en diferentes carteras, asesor cuando estábamos en la oposición y no quería, por ningún motivo, ser ministro de lo que fuera. Con el paso de los años he aprendido que no existe una cartera ministerial tranquila. En educación, que es una de las carteras más sencillas, todos los inicios de curso los mismos problemas y protestas de los chiquillos en los barracones y, además, odio a los putos niños. En sanidad, a pesar de haber solventado sin muchos problemas la crisis salarial de esa misma mañana, siempre había problemas con las ratios profesionales. Sólo éramos capaces de encontrar médicos en países subdesarrollados, al menos los últimos años y encima parece que se sienten superhéroes, cuando tienen dos meses de vacaciones y una jornada laboral 5 horas menor que el resto de trabajadores corrientes. Deportes y cultura, parece la más sencilla, pero los periodistas deportivos son capaces de echarte encima a todos los energúmenos futboleros, que son una gran cantidad y los de la cultura, nunca he podido soportar el gremio de artistas, supremacistas culturales que se creen superiores al resto porque creen saber manifestar su sensibilidad. Esto sólo hablando de las carteras más sencillas, las otras, los problemas se dan por supuesto.

Reflexionando, si me tienen que dar un ministerio, prefiero perder las elecciones y protestar de vez en cuando en el congreso y a tomar por el culo.

CAPÍTULO 2

He conseguido llegar a la estación a tiempo. Paso por la zona de embarque con mi mini mochila, sin necesidad de hacer molestas colas, ni tener que mirar si quiera dónde salía el tren, para eso está el chófer. Subo al tren de alta velocidad para, dentro de casi dos horas, llegar al evento del partido. Una convención con el nombre de juventudes que, realmente, es un mitin encubierto. Preparándonos para las elecciones, significa: NO CAGARLA y ATACAR CUANDO SE PUEDA.

Voy rápidamente, en cuanto he localizado mi asiento, a la zona del bar correspondiente a los que viajamos en primera clase. Pido un vermut rojo con sifón, en honor a mi padre. Siempre que íbamos a almorzar y tenía ganas de marcha, se pedía un vermut, a poder ser casero, con sifón. Aquí no hay sifón, pero con cola me bastará. Me sorprende ver al fondo del vagón-bar una pequeña barra, donde se encuentra un joven melenudo, con cara de estar de muy mala leche, con una soberbia y hartazgo fingidos, rodeado de gente de varias edades. Creo que es un actor, pero no lo tengo muy claro, no soy un gran seguidor de la televisión o cine actuales. Interiormente me alegro de saberme y sentirme muy superior a toda esta gente, incluido el famosete. A todas luces, para el ciudadano medio, soy un desconocido, paso por ser un hombre de mediana edad, bien vestido, perfumado, con buenos modales y, si me da la gana, hasta simpático. Todo ello hace que me sea posible pasar desapercibido. Pero en el fondo, yo tengo más poder y he disfrutado más cosas que las que cualquiera de esos imbéciles aspiran a soñar para sus próximas tres vidas.

Apuro mi vermut con cola, pido otro y me marcho a mi sillón. A mitad de vagón me encuentro a Leticia, la encargada de las redes sociales. Menuda estupidez. Las redes sociales para política sólo sirven para sustituir mítines por frases rimbombantes, para que los jodidos periodistas no tengan que estar al tanto de lo que publica de forma oficial el partido, simplemente agregan a todos los que las utilizan y se nutren de ello y, además, diariamente. Lo que esos tíos tan listos no saben, es que todas las cuentas las escribe y actualiza la amiga Leticia, una chica bastante peculiar que pertenece a la política moderna, nada que ver conmigo. A pesar que nuestra diferencia de edad no es demasiado importante, yo prefiero la política de la vieja escuela; es decir, sobornos, cocaína y putas. Por ello, no tenemos demasiado en común. Si llama mi atención que unos asientos más allá se encuentra Mariano Barcenilla, encargado de asuntos exteriores. Es el mayor pelota de todo el partido y un elemento bastante peligroso. A quien el tío lame el culo es al secretario de partido, José Luis. Puestos a pasar el viaje solo, me levanto con mi vermut, o lo que queda de él, y voy hacia Mariano. De camino saludo a la joven con un: "Hey Leti", no sé si ella responde, tampoco hago por escuchar.

Cuando alcanzo el asiento de al lado de Mariano, le pido amablemente acompañarlo y él me responde con un: "serás gilipollas, ¿qué tal estás?". Comenzamos a hablar de la situación del país, de cómo afrontaremos las elecciones, le intento sonsacar si sabe algo acerca de los futuros nombramientos, odiaría que me hicieran ministro. Él, en cambio, es muy perro o realmente, no sabe nada. No suelta prenda. Sí me cuenta, en cambio, que están algo mosqueados con el de trabajo, Guillermo. El tema del desempleo lleva mucho tiempo disparado, eso no es nuevo. El mosqueo nace porque no ha sido capaz de bajar nada la cifra de desempleo, no ha sido capaz de maquillar las cifras un poco para asegurar que el ciudadano medio ha ganado poder adquisitivo o, al menos, no ha sido capaz de ganarse ni a los empresarios ni a los sindicatos, sofocando de esta manera el ambiente crispado que siempre gira alrededor de dicho ministerio. Me dice que el presidente está pensando en traspasar dicha cartera, igual a una mujer, por el tema de la paridad, o bien a uno que sea inmigrante o hijo de inmigrante (si es mujer, la hostia). Actualmente estamos en la época de las estadísticas y no de los méritos. Es mejor no cabrear a nadie con supuestas ofensas. Por eso, igual acaba el ministerio de trabajo en manos de una negra que tenga la carrera de derecho o trabajo social, en lugar de un tío de mediana edad blanco que tenga algo de recursos humanos con experiencia detallada… yo qué sé.

Nos vamos acercando a nuestro destino y Mariano me cuenta que, seguramente, José Luis querrá que pronuncie algunas palabras, al haber yo estado al frente de las juventudes. No tenía ni idea. Tendremos que tirar de los recursos que nos enseñaron en clase de retórica política en el máster, HABLAR SIN DECIR NADA y, como consigna de partido, NO METERSE EN CHARCOS.

Lo primero que tenemos al bajar del tren son los coches oficiales. Les ofrezco, tanto a Mariano como a Leticia, compartir coche para llegar al evento, "para ahorrar costes y medio ambiente chicos". Les parece bien, así que nos metemos los 3 con un par de guardaespaldas delante en un Audi A6, el resto de guardaespaldas van en otro coche atrás. Durante el trayecto, es cierto que hablamos poco. Algunas frases protocolarias respecto a cómo nos encontramos, el clima, el partido, el evento de hoy, bla bla bla.

En un gran salón nos encontramos todos. Las diferentes carteras, el presidente y todo su gabinete y los componentes de organización del partido. Nos vamos saludando los unos a los otros, no puedo evitar fijarme unos instantes en Guillermo, el ministro en la cuerda floja. Lo veo como si el tema de la guillotina no fuera con él. Pero, aunque la gente de a pie, piense que una vez que te cesan como ministro te vas al paro y te sientes como un perdedor, es cierto que sólo es a nivel ciudadano. El partido te recoloca en algún gabinete, alguna junta de distrito, alguna consejería, puestos a los que, por supuesto, no es necesario que vayas ni un solo día. Unido a tu sueldo vitalicio, pues vamos tirando.

Una vez nos hemos sentado, es Sergio Tacón, nuestro presidente, el que toma la palabra y la voz cantante del asunto. Todos sabemos, él mismo también lo sabe, que está diciendo lo que la cúpula del partido le manda, igual que hacemos todos lo que nos manda el puto José Luis como cabeza más visible. La estrategia, como bien decidimos el otro día el núcleo duro del partido tomando copas en el Sotavento, va a ser de no meternos en charcos y atacar cuando se pueda. Sin embargo, los ataques no pueden ser linchamiento de todos a degüello, pero sí debemos aprovechar los asuntos perjudiciales de los Verde azulado que nos beneficien.

Mientras consignamos entre todos nuestras líneas maestras, no puedo evitar imaginarme a Leticia debajo de la mesa chupándome la polla. Lo iba a hacer muy despacio, con su lengua notando cada una de las venas de mi miembro semi erecto, aún debe trabajárselo un poco más para que me la ponga toda en condiciones. Imagino que le gusta juguetear con mi glande, además estoy operado de fimosis, así que, estando a medio levantar el puente, el casco alemán está siempre listo para recibir sus suaves caricias. No he querido quitarle las gafas. A la vez que la punta de su lengua lame ociosamente mi orificio uretral, con su mano derecha no cesa de estrujar y acariciarme los cojones y, eso sí, me pone a mil por hora. La erección es notable ahora mismo, justo cuando voy a desabrocharle la blusa en mi ensoñación, oigo mi nombre de fondo pronunciado por Sergio. Pongo mi mejor cara de póker, pero no tengo ni idea porque ha salido mi nombre. Digo, muy afablemente: "¿estás seguro de eso?", a ver si consigo algo de tiempo.

"Pues claro, eres el más indicado para insuflar algo de ganas a todos estos jovenzuelos y así, mostrar a nuestro partido como un equipo, que tiene mucha ilusión para seguir haciendo bien las cosas por nuestro país", incide él. Menos mal, me ha salido bien la jugada y ya sé, más o menos, qué es lo que querían de mí. Todavía tengo la polla dura, miro de soslayo durante un momento de nuevo a Leti y, sin darme cuenta, comienzo a salivar cual perro de Pavlov.

Estoy esperando entre bastidores que sea mi turno. Mientras termina el actual director de las juventudes Azul verdoso, un tal Miguel Ángel, que tiene pinta de ser un absoluto meapilas, la misma que tenía yo en su día. Llegará lejos. Cuando le escucho pedir "un caluroso recibimiento a una persona que fue coordinador de las juventudes del partido hace algunos años, ha sido consejero en diferentes carteras y, actualmente, es coordinador interministerial", aprieto mi corbata, escupo una flema al suelo (una fea manía, ya lo sé) y salgo saludando con la mejor de mis sonrisas.

Comienzo agradeciendo a todos el recibimiento y su asistencia, así como las palabras que me dedica el tal Miguel Ángel, "un tío de cuidado, que hará peligrar mi puesto más pronto que tarde". Ése es mi estilo, soy un genio del chascarrillo. Funciono bien ante las masas, puesto que hablo con una gran convicción y sé cuándo hay que intercalar la broma en su justa medida. Comienzo a hablar de la coyuntura actual, aumentando tanto los logros conseguidos por nuestra legislatura, como las amenazas futuras que nos pueden venir con el partido enemigo. La crisis recientemente solucionada con los trabajadores sanitarios, excelentemente solventada por mi amigo Cristóbal. Donde todos los trabajadores han aumentado su índice de satisfacción e identidad con la corporación, gracias al acuerdo conseguido, obteniendo un equipo motivado por el bienestar de todos nuestros ciudadanos. Comento también los mantras que los partidos contrarios utilizan en nuestra contra, respecto a la inmigración, nuestro partido es tachado de difícil para los inmigrantes, pero quién quiere a un grupo de rumanos en la pared de al lado. Les digo que nosotros somos amigos de los inmigrantes, queremos que un montón de ciudadanos de otros países vengan al nuestro, a trabajar con derechos, a vivir con libertad y de esta forma antes mejoraremos nuestras estructuras laborales, para que el sistema crezca exponencial y sostenidamente. También critican nuestra postura respecto a la falta de igualdad entre sexos y, simplemente, les digo: "yo también tengo madre y esposa", sólo con eso se cae el recinto en aplausos.

Me encuentro envalentonado y me adentro por un camino espinoso, cosa que no debería, pero me siento como si me hubiera metido dos rayas de cocaína antes de salir y ese amargor tan rico estuviera en ese mismo instante deslizándose por mi garganta. Comentó la crispación de todos los sectores, empresarios, sindicatos, población, etc. respecto a las cifras de desempleo, digo que estamos empeñados y comprometidos a conseguir, más pronto que tarde, la situación que contente a todos, empresarios con más beneficios, sindicatos con más derechos laborales y trabajadores con puestos mucho más estables y: "¿cómo lo vamos a conseguir?, dialogando con todo el mundo, todos nos sentaremos en una enorme mesa y de ahí no sale nadie sin acuerdo". Ahora sí. El recinto se ha puesto en pie. Creo que no me he excedido, simplemente lo sé porque, el hijo de puta de José Luis está con una sonrisa de oreja a oreja.

Después de algunas cosas más sin importancia y de comprometer al partido en cosas más difíciles de comprobar, como mejorar la significación ciudadana con nuestro país, mejorar la imagen en el exterior y una mejor calidad de vida para nuestros ancianos, cojo las de Villa Diego y me voy corriendo a mear. Casi no llego.

Cuando salimos hacia la merienda-cena que el partido tiene para nosotros, no paro de recibir felicitaciones. El presidente me dice que está muy orgulloso de mi discurso, joder si no he dicho nada, pienso yo. José Luis también se me acerca para decirme: "de puta madre niño". Me tomo dos cervezas y, en cuanto puedo, me subo al coche oficial para irme al hotel.

Subo a mi habitación, una suite de unos treinta metros cuadrados, con una cama enorme y un baño con jacuzzi, completísimo. Me doy una ducha y, después, me meto en el jacuzzi a llamar a mi esposa, le cuento con desdén el discurrir del día y las pocas ganas que me quedan de salir de la habitación. Por ello, cuando acabo de hablar con ella, apago mi teléfono. Me hago una paja con una de mis páginas favoritas de internet, una de negras con el culo gordo y, caigo dormido repentinamente sin siquiera haber limpiado los restos de semen de mi cuerpo.

CAPÍTULO 3

Llega el fin de semana y, al parecer, éste no he podido escapar. Me tengo que quedar con mi familia en la capital ya que no tenemos ningún compromiso de partido, de gobierno ni de protocolo.

Los fines de semana de este tipo, se me hacen tan cuesta arriba, que casi me apetece inventarme alguna crisis para poder librarme de estar con mi esposa y el cenutrio de mi hijo.

Ayer llegué algo tarde por la noche y, por suerte, estaba todo el mundo dormido. De esta forma, sólo tendré que pasar por el calvario familiar durante un día y medio. Mañana domingo por la tarde pienso irme a dormir a la casa que me asignó el partido, para poder, de esta forma, estar cerca del trabajo cuando las circunstancias lo requieran.

Son cerca de las siete de la mañana y aquí todavía no se ha levantado nadie, ni siquiera ha llegado el servicio doméstico ya que, si no me equivoco, llegan a las ocho. Bajo a la cocina y me preparo un café con leche con la cafetera último modelo, aunque he de reconocer que tardo unos cinco minutos en conseguir entenderla. Vierto un vaso de zumo natural de naranja, cojo mi tablet y me traslado al jardín.

Nada más llegar a la zona de descanso del jardín, noto que hace algo de fresco. Entro de nuevo a la casa y agarro una de las mantas del sofá para ponérmela por encima, como un chal de vieja. Cuando llego a mi centro de operaciones del jardín, me preparo una buena raya de cocaína sobre la superficie de la tablet, como no tengo con qué aspirar, arrimo la nariz directamente sobre la pantalla y aspiro tanto como puedo. Para comprobar que tengo las fosas nasales en condiciones, sin ningún resto del delito, me hago una foto con la tablet y veo que está todo en condiciones. Conforme desciende la cocaína por mi garganta, me voy relajando. La ansiedad de enfrentarme al fin de semana familiar, parece que va cediendo.

Mientras tomo mi café con leche, me leo los periódicos nacionales. Tanto el que está a favor como el que está en contra de los intereses del partido. Aunque, hemos de reconocer, las opiniones y enfoques de cada uno sólo depende de quién toma las decisiones. Recuerdo que hace un par de años tomamos la medida de no aumentar la asignación de los presupuestos a las pensiones, debido a la inflación negativa obtenida ese mismo año, y los medios no afines y la oposición intentaron aprovechar la coyuntura acusándonos de querer empobrecer a los más necesitados: los jubilados; exactamente lo mismo que hicimos nosotros cuando ellos tomaron la misma medida en idénticas condiciones unos 10 años atrás. Para todo este tipo de situaciones, pudimos llegar a un acuerdo con los Verde azulado. Dijimos que para la subsistencia de ambos partidos y evitar la aparición de posibles serios aspirantes a nuestra alternativa gobernanza, dejaríamos de señalar, cuando seamos atacados, que Uds. hicieron lo mismo hace X años, con la consiguiente lectura de cartilla a los medios afines a cada partido de no escarbar en dichas tesituras. Con los medios independientes, bastaba con ataques furibundos por parte de la prensa más convencional, tachándoles de antisistema o de intereses desestabilizadores y a otro asunto.

No encuentro nada interesante en ninguno de los periódicos. Debo pensar que la legislatura no está yendo mal del todo. No nos pueden achacar grandes dificultades sociales, económicas o políticas. Hemos desarrollado un gobierno empeñado en no cometer grandes errores, a costa de no mejorar un ápice el país.

Conforme estoy a punto de terminar mi café con leche, veo que está atravesando el jardín con un café y un cigarro Teresa, mi esposa. Siempre he pensado que el termino esposa encaja con lo que siento que es el matrimonio, me encuentro atado a algo muy pesado de manera perpetua, con una cadena bien dura, aunque también creo que el término esposa debería hacerse extensible al resto de la familia. Veo que viste un camisón de esos de ricachona de estilo japonés y la mejor de sus sonrisas. Aunque debo reconocer que me cuesta bastante besar a alguien tan pronto y, encima, con ese olor a tabaco merodeando el ambiente. Pero, siendo franco, mi trabajo y mi vida es actuar.

La recibo con una sonrisa de oreja a oreja, un abrazo y

un beso con un poquito de lengua. Muestro un poco de mi galantería habitual, le regalo un par de cumplidos respecto a su aspecto, de esos que sólo se creen las mujeres que están desesperadas por seguir sintiéndose atractivas, volviendo la situación cada vez más crítica a partir de cierta edad.

Le ruego que me cuente más detenidamente cómo ha ido la semana, qué tal se encuentran sus padres a los que, ya sabe, adoro (no puedo soportar a esos pedantes). Conforme empieza a hablar, desconecto rápidamente. Pongo la mejor de mis caras de interés y me marcho a no sé qué lugar.

Cuando acaba le pregunto con mis ojos entornados por nuestro hijo, Rocco. Parece que el muy estúpido ha sido amonestado un par de veces por los directores del colegio porque debe ser un psicópata sin sentimientos, que no le importa organizar una pelea entre otros compañeros, difundir vídeos de sexo oral de compañeras de clase o realizar las novatadas más atroces a los recién llegados. Creo que, si conseguimos canalizar esa falta de empatía y unirlo al dinero y relaciones de su padre, la estirpe política puede continuar su curso. Sólo necesitamos que no se aleje demasiado y que tenga un gran amor por el dinero y, principalmente, hacia el poder.

Después de que charlemos un rato, ya se han hecho casi las nueve de la mañana, le digo que me muero por follármela, así sin que se lo espere. Aunque si me conoce un poco, se lo tendría que esperar tanto como que desayuno café con leche. Cuando paso un fin de semana en casa, siempre tenemos sexo. Necesito que ella entienda que el sexo para mí no es un problema y que continúa resultándome atractiva, así no será un problema para ella; eso sí, comparándola con las putas que normalmente manejamos en el gobierno, no vale más que para traernos los condones.

Nos marchamos a nuestro dormitorio. De camino nos cruzamos con tres trabajadores domésticos. Reconozco que no sé quién es el jardinero, quién trabaja de mantenimiento y quién de limpieza. Supongo que de la cocina se encargará la sudamericana que encuentro en la cocina preparando el desayuno del asqueroso niño, parece que ni para eso vale. Llegados ya a nuestro dormitorio, intento hacer las cosas con paciencia, aunque sólo quiero terminar cuanto antes. La desnudo y me pierdo besándole la espalda. Continúa llegándome el aroma del tabaco y me pongo un poco de mal humor, aunque no lo exteriorizo. Voy bajando por su espalda y aprovecho para masajearle las nalgas con mis dientes y aprovecho para hundir bien mi lengua en su vagina, quedando mi nariz justo a la altura de su ano. Quizás no es el lugar más adecuado para aparcar la nariz, pero el leve olor a mierda, consigue excitarme extrañamente. Así que me decido a introducir mi lengua en el interior de la fosa séptica, consiguiendo que ella arquee su espalda y emita un gemido en tal volumen que sería extraño que no lo haya oído nadie más que yo. Después de estar un rato lamiendo el culo, la giro violentamente e introduzco la polla erecta en su boca. Ella la trabaja con furia, clavándome los dientes ocasionalmente. Cuando me encuentro en condiciones de no perder la erección, la tumbo en la cama y se la introduzco de forma lateral. Como ella está mirando hacia la pared, no puedo dejar de pensar en nuestra encargada de redes sociales. La jodida Leticia, visita mis fantasías demasiado a menudo últimamente. Después de estar follando durante algunos minutos, consigo correrme, sacándola en el último momento y escupiendo mi amor en su culo. Le digo que lo hago porque me excita enormemente, pero lo cierto es que no querría otro hijo, aunque viva diez vidas más.

Después de cumplir con el sexo, me doy una ducha muy relajante, mientras pienso en qué voy a hacer el fin de semana con ésta gente.

Bajo de nuevo una vez que estoy listo y me encuentro a Rocco terminando de desayunar. Es extraño lo que me hace sentir este chaval. No quiero que le vaya mal, pero me irrita con suma facilidad, sólo por el hecho de tener que depender de mí en cualquier aspecto; el único que no me molesta es el aspecto económico. Charlo un rato con él, lo veo más animado de lo normal, no sé si me echaría de menos. Al cabo de unos minutos, descubro que está contento porque su equipo de fútbol ganó ayer noche. Joder, no puedo encontrar algo más estúpido en el mundo, que millones de personas viendo como tíos analfabetos millonarios practican un juego absurdo. Cuando recapacito, le digo que había pensado que podíamos ir juntos al fútbol esa tarde, cuando falsamente, le digo que no sabía que jugaran ayer; "si es que yo no me entero hijo, perdona".

Después de la charla, me escondo en mi despacho,

selecciono un recopilatorio de King Crimson en el móvil, conectándolo con el sistema de sonido y me meto otro poco de cocaína. Mientras suena el violín de Lark's tongues in Aspic, recuerdo mi juventud, tan lejana que queda. Me acuerdo cuando no tenía siquiera novia, pero sabía que tendría que echarme una para progresar en mi carrera política. Cuando nos íbamos de viaje los de las juventudes y nos emborrachábamos hasta el amanecer, hablando de política, como si entendiéramos algo. Cuando cae la canción de Epitah, me tumbo en la alfombra y me dejo llevar por los sitios que la canción quiere. No lloro porque es de maricas, pero he de reconocer que siempre me puso la piel de gallina.

Al salir le comento a Teresa si quiere que vayamos esta tarde o por la noche a la ópera o al teatro. Me dice que prefiere ir al teatro, que la ópera siempre termina aburriéndole, por ello me decido a sacar entradas para la ópera. Le digo que no se preocupe, "yo me encargo". Llamo a un asistente del gobierno y le digo que organice todo para que vaya esta noche a la ópera con mi esposa, me niego a llamarla mi mujer, ya que, gracias a mi posición, tengo todas las entradas que quiero. Sí le digo, de forma taxativa, que sea alguna opera clásica y, a poder ser, de Mozart. Al cabo de unos minutos, me llama para informarme que tengo entradas y toda la seguridad organizada para ir a ver Don Giovanni, sensacional. Cuando le digo a mi esposa lo que ha costado encontrarlas y que no quedaba nada decente para el teatro, acepta complacida, o eso creo, no me importa lo más mínimo.

Comemos en casa los tres solos y, una vez más, siento que tengo que llevar el peso de la situación. Pregunto a mi hijo por sus estudios, le doy algunos consejos, para intentar canalizar esa psicopatía, seguramente heredada de mí. Pregunto a Teresa por sus amistades, sin ningún interés en el tema, pero de algo hay que hablar.

Después de la comida, me voy a echar un rato la siesta, aunque no tengo sueño, pasaré dos horas mirando internet en el dormitorio solo, con la intención de pasar dos horas más del fin de semana. No veo nada interesante, leo artículos de historia de Oriente, críticas de discos de Pink Floyd, King Crimson y Rush y así voy pasando el tiempo.

Me levanto y exhibo mi mejor humor en familia.

Observó que mi esposa ya está casi arreglada del todo, puesto que he estado más tiempo del que debiera en el cuarto. Me coloco uno de mis trajes informales, me perfumo con gran cantidad de pulverizaciones e inspiro profundamente para insuflarme el valor necesario que me permita pasar la tarde sin necesidad de pensar en el suicidio.

Llegamos a un teatro atestado. Como miembros de élite, por seguridad nacional, nos entran por la puerta de atrás, sin necesidad de pagar la entrada ni de soportar las toses y empujones de la gentuza de la cola. Nos acomodamos en las butacas del balcón superior, reservado a autoridades. Se nota que Mozart ya no está de moda entre los gerifaltes, estamos Teresa y yo solos en toda la estancia, sólo acompañados por los miembros de seguridad. Disfruto en gran medida de la representación. El conquistador de Don Giovanni, tenía un hambre de mujeres alucinante; hoy día la obra sería tachada de misógina. Los intérpretes, realizan una actuación imponente, en un par de momentos consiguen llevarme a sitios inexplicables. Aunque mención aparte merecían los músicos, donde la introducción es de las mejores obras que he oído de la música clásica. Jamás imaginé que me gustaría tanto la ópera, como persona insensible que soy, consigue despertar emociones que no alcanzan a provocarme mis personas más cercanas.

Salimos de la ópera y nos marchamos a un mesón a cenar. Le llaman mesón, pero es un sitio de alta cocina, con decoración milimétrica de tasca de mediados de siglo pasado. Me pido para cenar un ternasco asado con algunas florituras extra, un sabor exquisito; además de un arroz con setas de primer plato, mucho menos reseñable. Ella no me acuerdo de nada de lo que cenó, pescado creo. Pasamos la cena en un ambiente agradable y tranquilo, comentamos la obra, aunque la conozco sobradamente ya que es la tercera vez que la veo. Sólo rompe la paz cuando me pregunta si, al final, podré acompañarla al viaje previsto el mes que viene, no pensaba que fuera tan pronto, he hecho bien en no evadirme este fin de semana y, así, evitar mayores sospechas. Aseguro que iré, pero es seguro que no iré.

Salimos del restaurante y el coche oficial nos lleva de vuelta al domicilio. Rocco todavía no ha llegado y Teresa finge estar algo preocupada y algo histérica. Cumplo mi papel e intento tranquilizarla, sin mucha gana. En cuanto puedo me escabullo al jardín, hace buena noche. Por ello, me quedo desnudo y me meto en la piscina a refrescarme un poco. Tardo un poco en entrar en calor, el agua está algo fría. Sé que ella no bajará, en pocos minutos estará dormida tras haber tomado sus dos pastillas de Orfidal. Me regalo un poco en el agua, miro fijamente el cielo nocturno, estrellado. Barrio rico es igual a tranquilidad y es de agradecer.

Mientras contemplo la quietud de la noche, veo que entra el inútil de mi hijo con una borrachera importante. Me sonrío e, inconscientemente, miro para otro lado y hago como que no le veo. Es un defecto profesional, siempre intentamos comportarnos como si alguien nos estuviera examinando a cada movimiento. Al menos lo tenemos los buenos políticos profesionales. Cuando oigo que ya ha entrado en casa, vuelvo a disfrutar de mi baño nocturno, con alguna brazada aquí, alguna sumergida allá, con muy poco estilo.

Al salir, me hielo de frío y me pongo una toalla enrollada en la cintura y la camisa por encima, sin abrochar. Cuando me encuentro totalmente seco, subo a la habitación, cojo una pastilla de dormir de mi esposa, echo una meada y espero que me haga efecto tumbado en la cama.

A la mañana siguiente me levanto un poco turbado por el puto Orfidal. No sé cómo ella quiere levantarse así todos los días, imagino que te acostumbrarás. De nuevo soy el primero en levantarme y repito el mismo ritual que el día anterior. Preparo mi zumo natural de naranja y mi café con leche, esta vez no tardo cinco minutos en descifrar la maldita cafetera. Y salgo con mi bandejita y mi tablet al jardín. Hace una mañana fabulosa, a pesar de ser tan pronto. Me encuentro más animado al saber que después de comer, podré marcharme al piso del partido e intentar no volver a pasar tanto tiempo seguido con mi familia, al menos durante un mes. Por ello hoy, intentaré no tomar cocaína.

Desayuno tranquilamente, me leo la prensa nacional con dedicación y tiempo. Como hoy no baja Teresa, al menos de momento, me sumerjo en la prensa internacional. Imagino que no bajará para no tener que follarme otra vez, aunque que me corten la piel a tiras si el gemido ese de ayer era fingido. En la prensa internacional siempre es lo mismo, problemáticas sociales generadas por una época en la que no se puede decir nada sin molestar a la otra mitad del mundo, guerras del tercer mundo de la que nos hacen responsables a los demás, batallas comerciales interminables entre los estados alfa... ninguna novedad.

Como sigo sin cruzarme a ningún habitante más de la casa, decido plantarme en el sofá y me dispongo a leer un poco de William Faulkner. El ruido y la furia es un libro que me tiene embelesado y, con el tiempo, he conseguido tener gran cariño a la parte del retrasado. Como no dispongo de mucho tiempo para leer de continuo, intento agarrar libros que haya leído en numerosas ocasiones y, así, nunca pierdo el hilo.

Cuando dan las doce del mediodía baja Teresa y me informa que vienen sus padres a comer a casa. MALDITA HIJA DE PUTA, por eso estaba escondiéndose de mí toda la jodida mañana, para evitar que le diga: "es necesario que vengan hoy, yo quería disfrutar de vosotros solos", como otras veces me ha funcionado. Lo cierto es que va ganando en perspicacia y no me gusta que se adelante a mis deseos. No me queda más que poner mi mejor sonrisa, una vez más durante éste infernal fin de semana, y mostrarme contento de ver a la familia.

En cuanto puedo digo que voy al baño y me hago una raya enorme. Para asegurarme que el dulce amargor lo saboreo solo, me encierro y enciendo la ducha, aunque no me ducho. Cuando me repongo de la mala noticia y la cocaína me hace sentir de mejor humor, me desnudo, me mojo el pelo para parecer que me he duchado y me visto informal.

Cuando llegan sus padres todo son halagos mal disimulados por ambas partes, creo que ninguno nos aguantamos. Su padre no cesa de preguntarme cosas privadas tanto de la política en general, como del partido en particular. La verdad es que le miento en todo lo que se me ocurre, sólo para evitar que crea que me las doy de importante diciéndole que no puedo contar nada. Cuando llegamos al café, me encuentro exhausto. Tanto que envidio por completo a mi hijo, el cabrón no ha bajado si quiera a saludar. Debe llevar una resaca escandalosa, pues que le aproveche. Termino mi café rápidamente y les digo que, sintiéndolo mucho, debo marcharme porque el presidente quiere que nos pongamos al día durante hoy por la tarde para estar mañana a primera hora:

"listos para la batalla". Todos asienten y consienten en que abandone de forma precipitada la mesa, soy una persona muy importante. Aunque antes de irme, el padre de mi esposa me desea más suerte para la próxima legislatura, a ver si por fin puedo alcanzar un ministerio. Pero será viejo carcamal, no quiero su puto ministerio, estoy en la mejor posición que un político pudiera desear y ese paleto sólo quiere que el esposo de su hija salga en los periódicos. No me es posible vestir una de mis tradicionales sonrisas, así que simplemente le estrecho la mano. Beso en la mejilla a su esposa y en la frente a la mía. Le digo que subo a despedirme de Rocco, aunque, realmente, echo una meada. Cuando bajo digo que estaba dormido y no quise despertarlo.

Entro en el coche oficial y de camino al piso, llamo a José Antonio Espada, ministro de asuntos sociales. Es un tío muy de mi cuerda. Me comenta que en diez minutos comenzará a despedirse de su familia y cogerá el coche oficial para ir al piso del partido. Como está cerca del mío, en el mismo edificio de hecho, le digo que venga al mío y echamos la tarde.

Cuando llega nos damos un abrazo, realmente es de las pocas personas que realmente aprecio del partido. Comentamos las penurias de fin de semana que hemos tenido. Le cuento que he ido a la ópera y él me dice que tuvo que ir al fútbol con su hijo y su cuñado, al que odia con todas sus fuerzas. Agradece que el catering fuera de calidad y dio buena cuenta a los gin-tonic. No sabe cuál fue el resultado final.

Pasamos la tarde entre risas y acabamos jugando al póker online, que descanso después de un fin de semana tan duro.

CAPÍTULO 4

Lunes por la mañana, nueve en punto concretamente. Es muy divertido y curioso a la vez, ver las caras que traemos todas sus señorías a la cámara alta. Lo cierto es que hay muchos que damos muy mala impresión. Yo este lunes estoy pletórico. He pasado el fin de semana rodeado de aburrimiento familiar, aderezado con la encerrona de comida del domingo con la familia política; por ello, la vuelta a mi vida de lobo solitario contra toda esta manada de buitres, me resulta muy gratificante.

Me cruzo con dos diputados del partido ecologista. Qué vergüenza. No entiendo como un país que se considera medianamente serio, puede dejar entrar en sus instituciones a gente de esta calaña. Sus únicas propuestas de organizar un país, consisten protestar contra la superproducción, que lanza la economía del país, criticar el urbanismo de las zonas turísticas, evitando que el sector se lance como un cohete a copar el veraneo de adinerados extranjeros o bien divulgar como maltratamos desde el gobierno a cualquier animal en las perreras municipales. Que son perros, coño.

Después de rebasar las puertas de entrada me encuentro con José Antonio. Comentamos durante unos minutos la partida de póker que echamos con unos desconocidos, con la tontería creo que perdí cerca de unos mil machacantes. Tomamos un café en la barra de la cafetería. Mientras, llega el presidente y charlamos con él un rato. Nos cuenta que ha estado durante, prácticamente, todo el fin de semana, bebiendo coñac Louis XIII y pensando en cómo podrían atacarle durante la sesión de hoy.

Conforme vamos ocupando nuestros cómodos butacones, se acercan a saludarme Cristóbal y una de sus consejeras de sanidad. Creo que es una antigua enfermera que ha dejado de ejercer como tal al calor del dinero político. Charlamos un poco sobre cómo han ido comunicando los sindicatos el acuerdo que cerramos hace pocos días. Estamos contentos. Parece que, desde las asociaciones y colegios profesionales, se ha ido disipando todo el ambiente enardecido que se respiraba.

Entra la presidenta de la cámara, Angelines García. Decidimos escoger una mujer para mejorar nuestra imagen de paridad y colocarla en un puesto que, aunque todos digamos que es de gran importancia, es un cargo sin ningún tipo de relevancia ni trascendencia. La política actual ha quedado reducida a imagen y a golpes de impacto. Desde que Kennedy ganó las elecciones a Nixon no hubo vuelta atrás. Todo absolutamente exagerado hoy día, la época de las redes sociales e internet. La imagen, como hemos determinado en nuestro partido, es estar siempre correcto y NO CAGARLA. Si seguimos esos dos mantras, tenemos las elecciones medio ganadas.

Una vez que comienza la sesión, se da paso a leer las actas y asuntos sin ningún tipo de relevancia. Pura burocracia. Aprovechamos el rato para mandarnos mensajes obscenos entre los más degenerados del partido. Una mujer gorda por aquí, un hombre de aspecto enfermizo practicando sexo por allá, cosas divertidas e inocentes.

Así pasamos la primera hora y la presidenta, viendo que esto marcha a velocidad de caracol, nos propone un descanso de media hora. Qué trabajador iba a rechazar un descansito de media hora, tras haber trabajado tan duramente durante una hora.

Al ir a pedir un café, me encuentro con Tito Martos, portavoz del partido contrario, el Verde azulado. Nos saludamos y nos retiramos ambos a un pequeño rinconcito minuciosamente diseñado para estas charlas entre bastidores. Me dice que va a tomar él la palabra para criticarnos fuertemente por el tema de las pensiones. Él, en nombre de su partido, va reclamar la subida inmediata de la cuantía de las pensiones con menor poder adquisitivo y la subida de la pensión mínima. Le digo, irónicamente, son peticiones muy razonables. Él me dice: "que capullo. Tendréis vosotros que argumentar que las habéis subido en el último año, que debido a la coyuntura económica ya han ganado poder adquisitivo, bla, bla, bla. El baile de siempre". Le digo que de acuerdo, que lo de siempre. Le pregunto qué tal se encuentra su padre, hace poco me enteré que había empeorado mucho de su alzhéimer. Me dice que va de mal en peor, hace dos días su padre pensó que el equipo de rehabilitación que van a su casa, eran dos putas que llegaban para matarlo a mamadas y se volvió completamente loco. Les arañó, les escupió, les tiraba servilletas creyendo que eran billetes, al final ha habido que buscar personal nuevo y a ver cuánto dura. En eso que escuchamos el timbre de aviso para volver al pleno, así que nos disponemos a volver a nuestros butacones.

Después de sentarnos Tito es llamado para hacer su interpelación. Hablo con Sergio y le comento lo que hemos hablado Martos y yo en la cafetería. Él me pregunta si me importa salir a mí a hacerme cargo, él está un poco difuso pensando en cómo va a colocar a su suegra en una fundación para tenerla ocupada y deje de molestarle durante un tiempo. Sin problema.

Tito comienza a hablar muy enardecido, en contraste a lo amigable que estaba en la cafetería. Apelando a la dignidad de nuestros mayores, nos habla de las dificultades que encuentran para poder llegar a fin de mes, de las dificultades de acceso a servicios sociales (de ésta no me había dicho nada) y demás asuntos vagos e inconcretos. Mientras nos acusa de ser los culpables del holocausto o algo parecido, voy tomando notas para preparar mi siguiente intervención. Cuando acaba recibe unos tímidos aplausos de la bancada contraria. Cuando es tímida quiere decir que el asunto es morralla; los temas de los viejos sólo venden en campaña pura y dura, Martos eso es de primero de política.

Una vez Tito ha abandonado el atril de exposición, me levanto de mi sitio y me dirijo a exponer nuestra postura. Antes escupo una flema disimuladamente. Avanzo de forma diligente, saludando a quien me sonríe o me dice alguna frase de ánimo; es decir, me tomo mi tiempo. Cuando llego arriba, me dedico a saludar estrechando la mano a uno por uno de los presentes en el altillo.

Comienzo mi interpelación tachando de "inhumano al partido progresista conservador, por querer presentar a nuestro partido de poca preocupación por nuestros mayores, a los que tanto debemos. Nuestro partido que es el que más ha hecho por las personas de la tercera edad desde las cinco últimas legislaturas, no como Uds. que se olvidaron absolutamente de ellos en cuanto ganaron sus últimas elecciones. Con nosotros la gente mayor tiene un mayor poder adquisitivo, por lo que esa pobreza de la que Uds. nos acusan es absolutamente ficticia. Hemos creado más centros residenciales y de estancia diurna de los que Uds. han abierto en sus tres últimos mandatos (me lo he inventado totalmente, pero ahora ya voy lanzado), mejorando la atención de personas mayores con demencias como el tipo alzhéimer, evitando que tengan que estar mal atendidos en su domicilio, sobrecargando a sus familias (ésta por haberte callado lo de los servicios sociales) y menoscabando la economía de los hogares nacionales. Por último, quiero aprovechar la oportunidad que me ofrece mi cargo, para asegurar y comprometerme a que esté garantizada la correcta y adecuada asistencia de todos y cada uno de los ancianos de éste nuestro país". Oigo una sonora ovación por parte de todos mis compañeros. Es una clase práctica de cómo hacer política, ofrecer argumentos vagos sin compromiso ni base alguna de preparación, aparentar que ambos partidos nos odiamos los unos a los otros, porque así les pagamos lo mal que se lo hacen pasar a los ciudadanos y conseguir que nos saquen en los telediarios de mediodía y de la noche.

El resto de la sesión transcurre sin muchas más incidencias. Algo de endeudamiento por aquí, otra de conflictos territoriales por el otro lado, todo muy tedioso pero que al populacho enciende enormemente. Buen día en el curro.

Salimos muy civilizadamente una vez hemos terminado los corrillos. Hago una parada para visitar el baño y poder mear. No sé si llegaría hasta el piso del partido con la vejiga así. Bajo a comer algo al bistró que hay justo debajo. Pido una ensalada de canónigos y gamba blanca y albóndigas de solomillo de segundo plato. Después de comer, me pido un pacharán navarro, que me deja la tripa calentita para hacer la digestión estupendamente. Tomo el coche oficial y marcho a la sede del partido.

Llego a la sede a eso de las cinco. El ambiente está tranquilo. Saludo a la chica de recepción, no sé cómo se llama y no me importa. Cojo el ascensor y llego a la quinta planta, que es donde nos alojamos la élite del partido. Allí me encuentro con José Luis, secretario y el que maneja las marionetas en la sombra. Me comenta que están pensando en hacer algunos cambios de cara a la legislatura siguiente, cuál sería mi disponibilidad. "Siempre a disposición del partido José, ya lo sabes", aunque pienso que vaya putada, se me va acabando el chollo. Intento sonsacarle algo de información sobre qué tiene pensado exactamente, pero es como atravesar un muro a cabezazos, tiene mucha más mili que yo. Me comenta que van a tener que plantearse muy seriamente el tema de la igualdad de sexos, porque, a pesar que las mujeres representan el cuarenta y ocho por ciento de nuestros votantes y el cuarenta y siete por ciento de nuestros militantes, sólo representan el trece por ciento de nuestras caras más visibles del partido. Pero es que "joder, son unas inútiles" brama a medio camino entre el exabrupto y la confesión velada. Mi opinión coincide con la suya por dos razones, una porque debe ser así y otra porque es verdad, son inútiles. Después de charlar un rato más, justo antes de irme, me suelta como de soslayo, que con el ministro de defensa hay que tener cuidado. Sin entrar en más materia y, he de reconocer que, eso me deja ligeramente preocupado.

Después nos bajamos con Cristóbal a echar un café al bar de abajo, La Marimorena. Vamos charlando afablemente los tres de cómo enfocaremos la campaña, de la de kilómetros que nos vamos a pegar en esos quince días, tendremos que estar preparados y hacernos con una gran cantidad de cocaína. Pago yo y ninguno de los dos hace mención de echar mano a la cartera.

Nos despedimos amistosamente, pero antes de despedirnos Cristóbal se lleva un tantarantán de José Luis. Le comenta a ver si tiene algo más de velocidad para sacar los nuevos convenios de su sector, antes de la precampaña y no se demora tanto como su última negociación, "ah no, si fue la negociación de Artur". Me empezaría a preocupar un poco si me llevo yo ese viaje. No sé si este cabrón ha querido hundirle a él, ensalzarme a mi o que nos enfrentemos como dos ratas por un pedazo de basura.

Cuando llego a mi pisito de soltero, me meto en la ducha rápidamente y me regalo dentro unos cuarenta minutos. Me pongo el pijama y me entretengo un rato hablando con gente de internet, mientras me zampo unos huevos estrellados que me suben de la cocina del bar de abajo. Finjo que soy una mujer de casi cincuenta años recién divorciada, con ganas de hacer amigos; es decir, estoy como loca por volver a seducir a un hombre. Un tío que se llama Palomero, es un auténtico galán de pueblo. Palomero me regala toda una retahíla de frases hechas, que son dignas de vomitar. Cuando me he aburrido del todo, le digo que espabile de una vez, que soy un hombre, haciendo que se sienta como un gilipollas.

CAPÍTULO 5

Seguro que hay otro incendio que sofocar. Me ha convocado el presidente para jugar al golf, aunque nuestro nivel de juego es tirando a regular, para comentar un asunto que precisa de mí.

Cuando llego al club, me recibe su asistente, Carlos, y me indica que le siga al bar de las instalaciones, ahí está Sergio. Este Carlos parece un tío muy espabilado, nunca dice una palabra de más, es muy correcto en su trato y tiene aspecto de ser despierto y coger las cosas a la primera. Creo que le da cien patadas a su jefe directo.

Llego al bar y veo a nuestro presidente bebiendo una cerveza en una mesa mientras ve la tele distraídamente. Pido otra cerveza bien fría y acudo a su mesa. Le saludo amigablemente con un medio abrazo y le pregunto por su esposa e hijos, me contesta que "todos normal, gracias. ¿Y la tuya qué tal va?". Le respondo con simpatía que están bien y mejor sin mí. Nos sentamos y charlamos de lo preparados que nos sentimos para la campaña que se nos avecina. Yo miento y le digo que tengo unas ganas enormes de poder hundir en los resultados a los Verde azulado. Actualmente lo único que queda de leal y de real en nuestra política es el tema de las votaciones, siendo secretas, y el recuento de votos, a diferencia de países de medio pelo donde hacer fraudes electorales cuesta menos que contratar unos matones. Eso sí, el tema de financiaciones es a ver quién la tiene más larga. Quien más apoyos reciba y más amigos con capacidad de gasto tenga, más kilómetros hará en campaña, mejores hoteles usará en campaña y mejores comilonas se pegará en campaña.

Le confieso que no tengo muchas ganas de jugar al golf y le invito a dar un simple paseo por el campo. Le digo que, reconociendo lo evidente, somos los dos bastante malos y podemos pasar toda la mañana exhibiendo nuestra falta de destreza. Asiente divertido y me dice de coger un par de jarras de cerveza y un cochecito. Pasear para las clases altas no equivale a andar. Hace una mañana fabulosa. El sol brilla resplandeciente sin ninguna nube en el horizonte. La temperatura es de unos veintitrés grados y el cochecito va más bien lento, así que no pasaremos frío. Nos subimos cada uno por un lado, colocándose él al volante. Carlos ha desaparecido sin yo advertirlo nada más que comencé a acercarme a la mesa del presidente. Éste chico sabe lo que hace.

Nada más comenzar nuestro paseo nos cruzamos con el presidente de la unión de empresarios del país. Un tío muy cabrón y con mucho poder estratégico. Nos dice que se alegra de vernos, eso quiere decir que el país va bien, si podemos perder tiempo en un campo de golf. Yo le digo, con toda la simpatía que me es posible, que no se equivoque, nosotros siempre estamos trabajando para que sectores como el suyo puedan descansar tranquilos y seguir fortaleciendo la estructura económica de nuestro país. "Anda y tira a la mierda Artur", me dice carcajeándose. Sergio también se sonríe. Nos despedimos y continuamos nuestro paseo.

Una vez hemos alcanzado cierto grado de relajamiento y discreción, me dice que tenemos al sector financiero algo tenso. No les estamos haciendo ningún guiño y eso hace que se estén poniendo algo nerviosos. Joder, parece esto como un patio de colegio. Si haces caso a los sindicalistas te protestan los ecologistas, si haces caso a los deportistas te protestan los actores, si haces caso a los del sector inmobiliario se quejan los de turismo… parece que tengamos una familia numerosa de niños malcriados. Profundizando más, me dice que se encuentran algo preocupados porque este año hemos realizado poca inversión en infraestructura gubernamental y hemos realizado poco endeudamiento tanto a nivel nacional como municipal y eso ha hecho que sus cuentas de beneficios este año queden mermadas. Un banco sin ganancias es más preocupante que quedarte tirado con tu Audi en medio de un barrio de yonkis.

Le digo que no tenga problema. Como no dispongo de asistente, le pregunto si Carlos, que me parece un joven muy válido, puede prepararme un encuentro con los principales del sector en los próximos días. Me asegura que Carlos lo hará de forma inmediata y que es una suerte que cuente con él. Los tragos de cerveza me están sentando estupendamente. Le comento que el otro día estuve charlando un rato con José Luis y Cristóbal y veo a la secretaría algo tensa. Ni confirma ni desmiente. Me dice que es posible que anden algo preocupados por la campaña y puede que estén pensando qué sillones mover en caso de ganar. Todos nos tenemos que ganar el puesto constantemente y seguro que de una legislatura a otra hay movimiento de ministros, como es natural. Yo le digo que estoy absolutamente convencido que dicha renovación es lo mejor para que el partido continúe siendo fresco y la motivación por seguir en lo más alto perdure. También aprovecho para confesarle que me jodería mucho que me movieran de coordinador interministerial, aunque reconozco internamente que, él, es igual de mandado que yo. Su influencia queda relegada a que, en caso de tener mucha duda las cabezas pensantes en algún movimiento, sólo entonces se cuenta con su opinión. Por otro lado la dirección del partido, si por algo se caracteriza, es por acertar o errar, nunca por dudar.

Al marcharnos me indica el asistente que cuándo preferiría la reunión con los banqueros. No me importa cuando. Ahora mismo no tengo otro frente abierto y si no estoy con los banqueros, tendré que estar perdiendo el tiempo bien en la cámara alta o bien en la sede del partido. Mi agenda está a su completa disposición, pero no se lo hagas saber a ellos, "rechaza las dos primeras citas que te ofrezcan, no sé crean que vamos a perder el culo por tenerlos contentos". Creo que puedo confiar en que Carlos lo realice de forma inteligente.

Llego por la tarde a la sede del partido y me encuentro con Santi, el ministro de defensa. El pobre es más tonto que una mesa. El cargo de defensa le viene como anillo al dedo. Poca improvisación, ya que estamos en un estado de paz internacional y la exigencia es mínima. Tratar con gente muy cuadriculada, todo militares. Mucho desfile y… poco más. Lo encuentro algo inquieto y le invito a que me diga qué le ocurre. Me comenta que ha estado tonteando últimamente con una empresa de un antiguo amigo suyo de Bermeo. Se encargan de la fabricación de armas y proyectiles. Al principio, les informó de cómo ganar las contratas que sacábamos a subasta y las ganaba todas sin ningún problema. El servicio y producto que nos ofrecían era aceptable. Sin embargo, con el paso del tiempo, cada vez sus ofertas eran peores, pero le daban unos cazos, que resultaban imposibles de rechazar. Hasta aquí, todo normal. Un político que se está llenando los bolsillos con desviaciones de contratos. Lo que realmente le preocupaba, es que había llegado a tal punto la situación, que el cabrón de su amigo ya ni siquiera le servía material. Llegaban los camiones con cajas que se encontraban con proyectiles vacíos, solo los casquillos. Al hablar con él, le pidió disculpas. Un fallo lo tiene cualquiera. Sin embargo, no resolvió ese pedido y Santi se olvidó del asunto. Al cabo de unos meses, uno de sus consejeros, reúne el valor suficiente para decirle que los últimos tres o cuatro pedidos de la empresa de su amigo vienen en las mismas condiciones, ausentes. Se dispone a llamarlo, mucho más enfadado y el hijo de puta dice que es lo que hay, a ver si se cree que esos sobornos son como para poder suministrar material. Mientras tanto, el ejército sin proyectiles desde hace dos semanas. El "amigo" le dice que como le deje de enviar contratos o lo denuncie, va a ir a la prensa con todo lo que tiene en su contra. Caramba, eso es lo que se traía en mente José Luis. La verdad es que ha dado con alguien que lo tiene bien cogido por los cojones. Como se ponga a duplicar contratos, sí lo van a pillar más pronto que tarde y, eso, no beneficia al partido de cara a unas futuras elecciones. Le pregunto si lo sabe alguien más y él dice que, de momento, no se lo ha dicho a nadie. Se esperaba a hablar conmigo, por mi experiencia en los incendios. Así que le digo, que yo cortaría el tema por lo sano. Pero como el pobre hombre es bastante imbécil, no entiende absolutamente nada. Somos el puto gobierno hombre, nadie puede chulearnos así como si fuéramos unos críos a los que estafan con su primera compra de porros. Le digo que hable con los del servicio secreto y le den un escarmiento a ese tipo. Para qué están si no esos agentes, para espiar como en las películas desde luego que no. Sin embargo, le advierto que este asunto, no le va a resultar nada sencillo mantenerlo en secreto (sí, me refiero a la secretaría).

Después de dos charlas sin sustancia más con algunos elementos pelotilleros del partido, me llama Carlos. Me dice que hemos quedado en dos días con los dirigentes de los dos bancos más importantes de entidad nacional y con los otros tres extranjeros que mayor nivel de negocio mueven en nuestro país. Le he dicho que espero que no haya una puta caja de ahorros. Me dice que por supuesto que no, tranquilo.

Llega el día de la cita con los banqueros, voy un poco justo de tiempo. Hemos encontrado algo más de tráfico de lo habitual. No importa. Nada más llegar saludo a cada asistente muy efusivamente, mostrando mi lado más conciliador y simpático. Me sirvo un café con leche, de las viandas que tenemos distribuidas sobre la mesa. Me exponen que esperaban, siendo ya el final de la legislatura, algún guiño a su sector, debido a la caída de endeudamiento gubernamental y, por lo tanto, de su volumen de trabajo. Estos cabrones quieren presionarnos de cara a endeudar el partido para las próximas elecciones. Les tranquilizo argumentando que, en esta legislatura no hemos podido hacer grandes dispendios, muy a nuestro pesar. En la próxima legislatura, creo que tenemos algo más que serias posibilidades de ganar, intentaremos mover nuestros hilos mediáticos, invitando al endeudamiento ciudadano. Haremos repetir hasta la saciedad que el futuro es más que halagüeño para la economía del país, invitando a que cada familia pueda aumentar su capacidad de asumir préstamos tanto a nivel personal como hipotecario. Además, haremos algún apaño para obligar, de cara a la galería, a bajar los tipos de interés y que los préstamos sean más baratos. Bajando medio punto por aquí del préstamo fijo y subiendo dos puntos el variable, o los costes fijos. Algún tipo de ingeniería financiera, que pueda beneficiarnos a todos. Ellos quedan parcialmente contentos. Pero me dicen que el endeudamiento del pueblo es muy importante y que si aumenta también lo hará su riesgo. Pues claro, ése es su negocio. El gobierno lo entiende, por ello, si conseguimos la financiación adecuada para ganar las próximas elecciones, podremos endeudarnos con ellos y pagarlo de forma anticipada; de esta forma, publicaremos que hemos atendido de forma anticipada nuestras obligaciones económicas. Aunque, realmente, pediremos unos préstamos que no necesitamos, generando unos gastos por un dinero que no utilizaremos. Es decir, les daremos una buena propina a la banca para que esté decidida a ir con todo con nuestro partido. No obstante, ese compromiso implica que reduzcan la financiación del partido Verde azulado a la cantidad justa para evitar que sospechen. El obtener dinero gratis a cambio de nada, parece que los deja más conformes.

Después de acabar con los socios de la carroña, llamo a José Antonio. Me dice que está en casa, descansando un poco. Me encuentro bastante eufórico al haber dejado contenta a la banca y haber asestado un pequeño golpe financiero al contrario. Ello quiere decir que me apetece horrores irme de putas. José Antonio acepta sin dudar. Le digo que quedamos en el salón del hotel ése de las afueras donde todo se realiza de forma telemática y no te ve nadie ni al llegar ni al irte. Le parece bien.

Llamo por teléfono a la casa de putas de confianza de siempre. Chicas de mucha calidad y discreción absoluta. Preparo un pequeño homenaje con cinco chicas para los dos. Un poco de todo, dos rubias, una asiática, una negra (esa es para mí) y una morena de aspecto gitano (debilidad conocida de mi compañero). Ya sólo falta un poco de cocaína.

CAPÍTULO 6

Me levanto tarde esta mañana. Tenemos a las diez una cita para conocer el funcionamiento de una fábrica de automóviles de gran importancia. Nos han invitado a toda la cohorte del ministerio de industria con el ministro, Jorge Calvo, a la cabeza. Es amigo mío desde que éramos niños. Cuando vivía en la urbanización Casas blancas, era mi vecino de abajo. Durante el tránsito de niños a adolescentes, pasábamos mucho tiempo juntos. Conforme fuimos creciendo, yo me fui hacia el lado oscuro de la cocaína y trasnochar demasiado, mientras que Jorge, era más bien formal y muy de estudiar. Se licenció en ingeniería química y, después de haber estado durante unos años trabajando en diferentes empresas farmacéuticas en Irlanda y Polonia, fue repescado para el gobierno en un intento de mi partido de apostar por la meritocracia. Siempre como estrategia de imagen. Aunque, es cierto, que no puede hacerlo peor que un tío que haya estudiado empresariales, carrera facilona donde las haya. Tuvo que demostrar su depuración, aprender a hablar y jugar a la política. Pero el resultado ha sido muy positivo. No ha sufrido ninguna polémica en toda la legislatura. La producción industrial y su aportación al P.I.B. se han mantenido en buenos niveles, con un discreto crecimiento; es decir, lo justo para que no te lluevan críticas. Nunca me agradeció lo suficiente que lo recomendara en su día, pero no importa. Lo importante es que yo lo sé y, aunque creo que no será necesario, es una pieza que puedo cobrar en caso necesario.

Me ha llamado Jorge directamente para invitarme al evento. Me ha preguntado si puedo acompañarlo, aunque sólo sea para que pueda tener alguien con quien distraerse un poco durante la comida. Sus consejeros, según me cuenta, son muy eficaces, "pero aburridos de cojones". Acepté a regañadientes. No me apetece en absoluto visitar una fábrica de coches, pero tampoco tengo otra cosa mejor que hacer. La opción alternativa era acudir al congreso a malear un poco. Al menos comeremos en condiciones, espero.

Me recoge con su coche oficial en el piso que me entregó en su día el partido. Después de haberme duchado con parsimonia y haber desayunado un café con leche y cuatro churros en el bar de la esquina, a la salida me encuentro con Jorge. Nos abrazamos efusivamente. De camino vamos comentando un poco cuál es el motivo de aquella visita. En los dos últimos años, debido al estancamiento económico de la nación, la compra de vehículos en nuestro país ha caído notablemente. A pesar de los diversos estímulos que la industria ha intentado insuflar para contrarrestar la falta de ganas de los ciudadanos, tienen una cantidad enorme de coches por vender. Jorge se ha comprometido a estimular directamente el sector. Se va a remodelar la totalidad de los vehículos que prestan servicio a los políticos con escaño y la policía de ámbito nacional que lleven más de dos años de servicio, los que se retiren se pondrán a la venta de los trabajadores a precios muy accesibles. Esto supone una venta que maquillará las cifras de dicho sector. La proporción de compra a cada casa comercial, es, según me cuenta mi compañero, proporcional al soborno que él mismo ha recibido de cada uno. "Ole tus huevos toreros, George", le espeto con júbilo. Pensaba que iba a tardar en entrar en ese juego, pero antes de finalizar su primera legislatura como político ha sabido jugar una baza que lo enriquecerá enormemente.

Llegamos algo tarde y la comitiva de recepción se encuentra a la entrada de la fábrica. Nos recibe el gerente de dicha marca de automóviles a nivel nacional, puesto que es una casa internacional. Son empresarios lameculos, que cuando les viene bien te atienden con una exquisitez que te hace sentir una eminencia. Cuando no les viene tan bien, suelen ser más secos y justos en el trato. Por lo tanto, nos han recibido como una comitiva milagrosa.

Después de los saludos pertinentes, nos adentramos en las instalaciones. Acto seguido nos colocamos un casco protector, simplemente para obtener una sensación psicológica de seguridad. Nos van explicando diferentes procesos de producción, mecanización, pintura, chapado, un auténtico coñazo. Aunque sí veo a Jorge disfrutando, pregunta con interés y criterio. Yo me limito a sonreír y asentir como un bobo. Paso la mañana admirando las chicas de la fábrica que me parecen apetecibles, a pesar de la ropa de trabajo que no les hace ninguna justicia. Me deleito viéndoles las piernas y el culo, imaginando las tetas de aquellas que no son capaces de ocultarlas tras la holgura de esos polos de trabajo. Creo que cuento unas 15 follables y 3 me parecen una auténtica delicia. Cuando finalizo con mi juego, es hora de marcharnos a comer.

Han elegido el restaurante de un hotel cercano. El ambiente del local me resulta bastante cálido. Nos pedimos unos entrantes que compartiremos, nada novedoso, un poco de jamón de primera calidad, unas gambas blancas con pulpo a la plancha y, de segundo plato, me pido un emperador con salsa de erizo de mar que está exquisito. De postre pido una tarta de queso y un gin-tonic para bajar. Durante todo el tiempo que dura la comida, Jorge y yo nos sentamos juntos y no hacemos mucho caso del resto de comensales. La visita ha sido realizada, nosotros ya hemos cumplido. Así que pasamos el rato nosotros dos recordando anécdotas del pasado y pasando una comida muy agradable. Noto como el calor de la ginebra ha suavizado mi paladar. Le digo a Jorge si todavía tiene faena y me comenta que está libre. Por ello nos marchamos al Sotavento a seguir dándole al gin-tonic.

Nos despedimos protocolariamente. Con más sentido de cumplir un trámite que de mostrarnos agradecidos por la cálida visita. Nos subimos al coche oficial del ministro de industria y marchamos a echar unas copas.

Entramos al pub y nos retiramos a una de las mesas que se encuentran parcialmente ocultas en el local. Seguimos bebiendo gin-tonics y nos vamos envalentonando con los recuerdos. Recordamos las chicas que vivían en nuestra urbanización. María, era un año mayor que nosotros, por lo tanto, era inalcanzable. Además, nos llamaba la atención la cantidad de vello corporal que tenía, pero, en su día, no nos importaba. Tenía unos enormes pechos que desviaban toda nuestra atención. También nos acordamos de Natalie, una chica con ascendencia francesa. No nos gustaba a ninguno porque, tenía una verruga muy asquerosa adherida a la parte externa de una de las fosas nasales. También estaba Carla. No era demasiado atractiva, pero nos lo pasábamos muy bien con ella.

Era la más divertida de todas. Yo estuve tonteando con ella durante algunos meses, pero al final decidí dejar de verla porque no me parecía lo suficiente atractiva para mí. Fue una mala decisión porque, realmente, lo pasamos muy bien juntos.

Mientras seguimos haciendo memoria, viene José Antonio y se sienta con nosotros. Pide una copa de coñac y nos pregunta cómo ha ido el día. Le contamos por encima la visita a la fábrica de coches.

Nos cuenta que ha estado toda la mañana en la sede del partido. Sabe que ha sido una mala decisión. Al estar la secretaría como órgano de dirección del partido y no del gobierno, pasan el día en la sede, esperando que venga alguien a quien influenciar o asustar y lo han pillado por banda. Nos dice que José Luis ha estado durante dos horas hablando acerca de cómo ha ido la legislatura, del camino que debe tomar el partido de cara a las próximas elecciones y, resumiendo, se avecinan cambios. No ha conseguido extraer más información que esa. No me pilla de nuevas, ya que cualquiera que pase unos minutos con ese cabrón, será debidamente informado para que todos sintamos que nuestro culo se ha puesto en venta en el mercado. El que levante la cepa de la oreja se la cortarán, en frío y sin anestesia.

Al lo largo de la tarde nos vamos entonando cada vez más. Los efluvios del alcohol van haciendo sus juegos. Se nos va yendo un poco la lengua. Cada vez más. De repente Jorge, que no es que haya sido nunca de esos que descontrola con el alcohol, nos dice que Santi parece que la ha liado con el servicio secreto. Yo decido hacerme el tonto, más por José Antonio que por él. De hecho, delante de él, con quien no tiene mucha confianza, no debería hablar de cosas tan comprometedoras. José Antonio pregunta rápidamente, yo me quedo a la expectativa en un segundo plano. Adelanta Jorge que parece que tenía algún problema con un amigo de la infancia y que ha mandado al servicio secreto para ajustar cuentas. Lo cierto es que esta revelación del secreto del ministro de defensa, es peor aún que la realidad misma. A mí, la verdad, es que el cretino de Santi me afecta bien poco. Intervengo para preguntar a Jorge de qué forma se ha enterado. Él dice que se ha liado con una secretaria del centro de inteligencia y le ha desvelado que había unas ordenes nacidas del propio ministerio de defensa de acobardar y amenazar a no se qué empresario que, además, se desvela que son amigos hace tiempo. La verdad es que ese gilipollas ha quedado con el culo al aire. Le advertí que lo tuviera bien en secreto, aunque parece que eso no ha sido culpa suya. Es cuestión de tiempo que le cacen en la secretaría y José Luis le corte los cojones a la altura del sobaco. Ya se huele algo, según me soltó el otro día.

Me marcho al baño en un receso. Necesito echar una meada y esnifar un poco de cocaína. En estas situaciones cuando comenzamos a irnos de la lengua, siempre disfruto enormemente a la hora de conocer secretos de compañeros de partido. Por el contrario, me suelo poner bastante tenso si en dicho cotilleo puedo verme yo implicado en algún aspecto. Como es el caso imagino que, más pronto que tarde, la dirección del partido llegará a Santi y le apretarán para ver los motivos y razones por las que ha utilizado el servicio secreto para un asunto personal. Si el gilipollas no sabe capear bien el temporal, acabará diciendo que fui yo quien se lo recomendó y, es posible, que su puta torpeza termine salpicándome. Justo ahora no me viene nada bien. A las puertas de una campaña electoral, donde es más que posible que ocurran movimientos entre los sillones y yo queriendo pasar desapercibido para poder continuar como coordinador interministerial. En cuanto duerma la cogorza esta noche, mañana haré lo posible para poder hablar con ese tontolaba.

La raya de coca, hay que reconocer, me ha puesto en mi sitio. Es lo primero que he hecho nada más entrar en el lavabo y después he meado. Conforme me lavo las manos, noto como se desliza ese asco tan rico por mi gaznate. Cuando salgo estos dos siguen hablando, cada vez más alto, y riéndose como borrachos de bar de barrio. Como yo ya me he ubicado tras mi dosis terapéutica, apuro mi copa y me retiro a mi casa.

Al llegar pido un menú ejecutivo a un hotel de los de mayor categoría de la ciudad y encargo que me lo traigan a casa, con esas empresas que te traen lo que sea en media hora.

Ha sido un buen día. Podríamos decir que es la mejor expresión de lo que representan la mayoría de los días de mi actual puesto. Me dedico a acompañar a compañeros a reuniones a las que me piden asistencia para que no se aburran demasiado. Comemos generosamente en algún restaurante cojonudo de la ciudad y, si no nos hemos aburrido hasta la saciedad el uno del otro, nos echamos unas copas en el Sotavento. En el peor de los casos, o me toca ir al congreso y hacer acto de presencia o pasar la tarde en la sede del partido.

Después de cenar me preparo un whisky con hielo y salgo a respirar un poco a la terraza del apartamento. He pasado un par de horas sin beber y me encuentro mucho más despejado de mente. Pero me apetece disfrutar de unos sorbos de un buen Macallan Ruby mientras respiro un poco e intento mantener mi mente en blanco durante unos minutos. Ciertamente los sorbos se deslizan ardientemente por mi esófago, después de haber dejado mis papilas gustativas a medio camino entre el deleite de un sabor tan potente y el calor de un whisky fastuoso.

Mientras estoy apurando los últimos sorbos de mi copa, recibo una llamada por teléfono. Debato interiormente entre cogerlo o hacerme el dormido. Qué coño, son las diez de la noche, quien me conozca un poco sabe que no estoy dormido ni de broma. Lo cojo y es Teresa, se encuentra muy agitada. Cuando consigo tranquilizarme, aunque no exteriorizo que me supone un esfuerzo enorme no gritarle que se vaya a tomar por el culo, la tranquilizo a ella. Le pido que me explique detenidamente cuál es el motivo de tanto follón. Me dice que han expulsado a Rocco del instituto durante dos semanas, por hacer no sé qué a una compañera con el móvil de los cojones. De verdad que los críos de ahora son de lo más imbécil. No les basta con hacer el cabrón, como en nuestros tiempos, tienen que dejar constancia de ello para que sea más fácil cogerlos.

Le digo que no se preocupe, mañana iré a comer a casa y hablaré con él. Ella pregunta que cómo puedo estar tan tranquilo y esperar tanto a saber su versión. A diferencia de ella, creo que puedo posponer el cinismo de presentarme como un padre modelo y preocupado. Le digo que estoy tan sumamente enfadado que, si hablo con ese pequeño cabrón ahora, aunque ante ella me he referido a él sólo como "el chico", puedo decir algo de lo que me arrepienta y consigamos el efecto contrario. Además, prefiero hablar con él en persona, cara a cara, de padre a hijo, de hombre a hombre. Creo que no se me han podido ocurrir más frases hechas, así ella queda algo más tranquila. Rápidamente cuelga y no me pregunta qué tal ha ido mi día, tampoco yo le he preguntado nada acerca de ella.

Tampoco quiero tener que retrasar mi búsqueda y captura de Santi. Como llegue un poco tarde, me juego el tipo de cara al partido.

49

CAPÍTULO 7

Me levanto alrededor de las siete de la mañana. Noto mi cabeza algo embotada de la bebida de ayer, pero estoy más que aceptable. En cuanto abro los ojos al oír el despertador, me vienen a la cabeza los dos grandes asuntos que tengo que resolver para el día de hoy. Lo primero y vital es acudir al ministerio de defensa a hablar y ponerle las cosas claras al gilipollas de Santiago. Como no se ande con cuidado, vamos a tener un problema. Que lo tenga él me trae sin cuidado, que me salpique ya me importa más. Después tengo que ir a comer a casa y afrontar el tedioso asunto de ver qué ha pasado con Rocco. Seguro que es alguna estupidez sin importancia, pero que una sociedad infectada del buenismo generalizado no puede pasar por alto. De ambos asuntos a tratar, el primero me preocupa, el segundo me aburre soberanamente.

Me tomo un café con leche de cápsula con la máquina que tengo en el apartamento, después de beberme un botellín de agua de un trago. Me acomodo en el sofá y me masturbo rápidamente mientras entro en alguna web al uso, para intentar reducir algo la tensión frente al día que me espera. Al terminar, me meto en la ducha, aplicando sólo agua fría, para aumentar lo máximo posible el nivel de espabile.

Mientras estoy bajando por el ascensor, llamo al ministerio de defensa y pregunto si está Santi, me dicen que sí. Les digo que no es necesario que me pasen con él, pero que es muy importante que no salga del ministerio, llegaré en menos de veinte minutos. En realidad, serán unos cuarenta, si no hay mucho tráfico, pero como se vaya me voy a enfadar mucho. Entro en el coche oficial.

Al llegar al ministerio de defensa, dejo que una señorita encantadora que no había visto en mi vida me acompañe al despacho de Santi. A pesar de estar tenso, muestro mis mejores modales e intento sonreír cortésmente sin parecer un subnormal.

Entro en el despacho y saludo fríamente al ministro. Él me devuelve el apretón de manos acompañado de una sonrisa, aparentemente sincera. Me invita a sentarme. Le pido hablar para comentar un asunto acerca de un proveedor de proyectiles discretamente. Palidece en un instante y pide amable y fríamente a sus dos consejeros y su secretaria que, por favor, nos dejen un momento a solas. Les avisará cuando termine.

Igual ha sido un poco atrevido por mi parte dar algunos detalles del asunto, pero quiero que se entere que vengo dispuesto a joderlo. Me acomodo en el sillón que tiene enfrente de su mesa. Me invita a tomar algo, pero rechazo la invitación. Le pregunto qué tal iba el asunto con su amigo, el proveedor que lo tenía contra las cuerdas. Me cuenta que el asunto ya se ha resuelto, de forma muy escueta. "¿Estás del todo seguro?", pregunto yo. Me contesta que sí, hizo caso a mi consejo y quedó resuelto por el servicio secreto. Me confiesa que no conoce los pormenores de la intervención, pero que le avisó el director de la misión que había quedado resuelta. No había supervisado nada más, pero hace un par de días sacaron una oferta a concurso y, por el momento, esa empresa no había hecho intención de pujar, aunque es algo pronto para saber si querrán entrar o no, a estas alturas, siempre habían participado y siempre con la misma oferta. Le digo que me parece muy bien que haya podido solucionar el problema en ambos sentidos, que termine el chantaje al que estaba siendo sometido y que también finalice el no suministro al ejército nacional.

Cuando parece que el tío se relaja ligeramente, le pregunto si ha dejado todos los cabos atados. Él me asegura que sí, no le ha contado a nadie más el problema que tenía. Sólo me lo había confiado a mí, creyendo que yo era la persona indicada para ayudarle a dar solución al asunto. Muestro mi falso agradecimiento por tal confianza, pero ha dejado rastro. "¿Qué rastro dices Artur?" pregunta. "Coño Santi, me ha llegado a mis oídos que has acudido al servicio secreto para solucionar un problema que tenías con un antiguo amigo tuyo. Sin obviar, que suena mucho peor la versión sesgada que está ya circulando por los componentes del partido que la real. Si la gente supiera la versión verdadera, que te has llenado los bolsillos con sobornos, te han tocado los cojones con cantar y has tirado por solucionarlo de raíz, habrá gente que no esté de acuerdo con el método, los meapilas, pero nadie te echaría en cara que fuera un amigo tuyo o no. Al tener que explicarlo, porque habrá que explicarlo a la secretaría del partido más pronto que tarde, estoy seguro, va a resultar mucho más complicado poder separar lo profesional de lo sentimental".

Escucha atentamente y sin interrumpirme. Medita durante unos instantes y me explica con su mejor cara de estúpido, que no sabe a qué me estoy refiriendo. "Pues a ver si te vas enterando tonto del culo. Ha habido una puta secretaria del servicio secreto, que ha sabido para qué cojones has ido allí y lo ha ido largando por ahí. Eso te deja en una situación algo comprometida si se destapa el asunto, antes de que llegue a los oídos de José Luis, ya que él puede fusilarte, acojonar tanto a los del servicio secreto que el asunto quedará anulado o ambas a la vez. Si has sido tan perdidamente imbécil de no haber sabido poner cortafuegos en un asunto tan delicado, espero que no sea mi puto nombre el que salga como tu consejero en tal idea. Espero que haya sido lo suficientemente claro y tú bastante menos estúpido que en mi anterior consejo, Santi". Me levanto airadamente de la silla y salgo del despacho sin despedirme.

Cuando salgo por la puerta de su despacho, el paseo de escasos pasos ha sido suficiente para recomponerme. Atravieso las puertas con mi mejor sonrisa. Me despido personalmente de los consejeros y la secretaria que estaban dentro del despacho a mi llegada, ya que continúan esperando pacientemente a escasos metros de la puerta.

Me subo al coche oficial y le indico que vayamos a mi casa, hoy comeré allí. Sin embargo, antes incluso de subirme, le digo que esperé en la puerta, ya que confío en que la visita será breve.

De camino llamo a Teresa y le informo que llegaré en escasos minutos, la encuentro más bien indiferente.

Entro en mi casa, en la cual me siento extrañamente incómodo, y me recibe mi esposa con un saludo frío y un gesto tenso. Está jugando el papel que toca y no podemos evitar, padres preocupados por algo estúpido que ha hecho el estúpido de su hijo. Nos sentamos en la cocina y le pide a la cocinera que nos deje un momento. Es curioso, es la segunda vez del día que sacan a alguien de una estancia por mi llegada. Me cuenta que lo han expulsado durante dos semanas de la escuela, porque ha debido estar acosando a una de las alumnas del centro. No han querido explicar más pormenorizadamente el asunto. Está claro que ella se ha querido enterar lo justo, porque si no me estaría contando todo con pelos y señales. Le pregunto qué es lo que ha hablado con él, "estaba tan nerviosa que no pude más que reñir, gritarle mucho y dejarlo castigado en su cuarto, al menos hasta que tú llegaras" explica ella. Pienso: "de puta madre", ella se hace la nerviosa y monta el espectáculo y yo me como el marrón de indagar y decidir cual César de Roma. Aun así, le digo que ha hecho bien, aunque no haya hecho una mierda. Le digo que subo a hablar con él inmediatamente mientras ofrezco mi mejor cara de preocupación y enfado.

Subo por las escaleras y entro sin llamar en el cuarto de Rocco. Está preso, que coño es eso de tener que pedir permiso para entrar. Lo pillo asomado a la ventana y me saluda fríamente. Le digo que me dé un cigarro y me acompañe a la terraza. Al menos tiene el gusto de no negar lo evidente, pone un gesto de leve hartazgo y me da un pitillo. Me sigue hasta la terraza que está al final del pasillo. Nos sentamos cómodamente en las sillas de jardín que pusimos hace un par de años. Encendemos los cigarros, él se ha cogido otro y yo no le reprendo por ello. Disfruto viendo como juega a sentirse mayor y viéndose a mi nivel. Vaya, que imbécil lo veo en este preciso momento.

Le pido que me cuente bien qué es lo que ha pasado. Él me dice que es verdad, ha estado, junto con otros compañeros, puteando a una chica de uno de los cursos del instituto. Dice que era un putón y se la había chupado a medio colegio. Algún chico le había grabado mientras se la mamaba sin que ella se diera cuenta, Rocco vio el vídeo y quiso sacar tajada. Me confiesa que se sintió mal porque la muy zorra no había querido liarse con él hace algunos meses durante no sé qué fiesta. Lo escucho detenidamente y me sorprende, ingratamente, que tenga la confianza para contarme tal sentimiento de rechazo. Por ello decidió comenzar a putearla primero por internet, a todas horas le mandaba alguna amenaza. Después lo hizo ya en persona, vejándola delante de sus amigos y, el otro día, le escupió en la cara en tres ocasiones mientras un amigo suyo lo grababa, siendo el incidente que ha provocado la expulsión.

Su comportamiento me parece infantil. Creo que muestra

algunos de los claros síntomas de la gran enfermedad que sufren los jóvenes de nuestra nación. Muestra una absoluta falta de empatía por los demás, es despiadado en cuanto a sus deseos refiere y lo suficientemente estúpido para no saber canalizar esa ira hacia algo productivo. Todo ello generado por unos padres ausentes, que invertimos más tiempo en elegir la ropa a ponernos cada día que en la educación de nuestros hijos.

Lo he escuchado pacientemente, regocijándome en el cigarro que he pedido a mi hijo. He de reconocer que no he experimentado ningún enfado en concreto. Sé que ha actuado como un auténtico hijo de puta, pero no creo que sea algo peor a lo que hacen muchos de mis compañeros de partido día a día. De hecho, creo que es un fiel reflejo de lo que vamos a conseguir para las generaciones futuras.

Le digo que cómo puede ser tan estúpido de dejarse llevar por tales pasiones. Le pregunto qué es lo que ha sacado de beneficioso de putear a esa chica y él responde que mientras la jodía se sentía bien. Explico que no voy a censurar su comportamiento, creo que ya es mayor para saber qué está bien y qué no. Pero sí debo explicarle que el fin siempre justifica los medios. Su fin era joder a una persona por satisfacción personal, si hubiera sido un poco más inteligente, le digo que hubiera podido coaccionarla para que se la chupara también a él o, incluso habérsela follado. "¿Me entiendes qué quiero decir?", le pregunto sin esperar respuesta, "si por lo menos hubieras sacado el beneficio de un orgasmo, todo hubiera tenido un poco más de sentido. No debes exponerte nunca a cambio de nada y, en este caso, ganabas nada. Debes de darte cuenta". Su cara está a medio camino entre la sorpresa y la admiración. Creo que acabo de enseñarle una de las lecciones que recordará durante toda su vida. Mientras le explico esto, me doy cuenta que es, quizás, el primer momento real que pasamos juntos como padre e hijo. No me siento especialmente orgulloso de ello, al contrario, me resulta bastante tedioso.

Por último, le advierto que debe ser la última vez que se graba haciendo alguna estupidez así. De qué coño va servir exhibir ante el mundo lo cabrón que eres. Cuando uno hace algo que pueda resultar censurable a nivel ético, social o judicial, debe ser lo suficiente inteligente para intentar pasar lo más desapercibido posible. Eso implica no dejarse grabar y no hacer el tonto del culo, además de pedir disculpas, lo más sinceramente posible a esa chica, aunque no lo sienta en absoluto.

Él asiente a mi diálogo, una vez se ha recuperado de la sorpresa. Me dice que intentará hacerme caso en todo. Me pide perdón por haberse puesto en evidencia y haberles puesto a ellos, sus padres. Me pregunta si continúa castigado y le digo que no lo sé, aunque sólo sean unos días para que su madre no les toque los cojones a los dos, es lo último que necesitamos ambos. Lo único que le digo es que su comportamiento sea impecable de puertas para fuera, ya hablaré yo con ella, pero, de lo que hemos hablado, no debe soltar una palabra.

Cuando bajo por las escaleras, me encuentro a Teresa fumando como un carretero en el jardín. Me pregunta qué tal ha ido y le explico que me tiene muy enfadado y que de esta no se va a librar fácilmente. Le digo que hablaré con los del instituto, pero que mientras tanto, quede en su cuarto.

Me dispongo a salir por la puerta y me grita desde el otro extremo si ya no me quedo a comer, me disculpo diciendo que se me ha hecho tarde porque me han llamado desde la oficina del presidente para ir a un asunto urgente.

En lugar de eso me acerco a comer a un restaurante con dos estrellas Michelín e invito a mi chófer a comer. Bueno, es invitado por los generosos contribuyentes. Después de tanta mierda hoy, me apetece sumergirme en la aburrida vida de algún ciudadano medio, así que paso la comida preguntándole por su novia de paleto, la enfermedad de su padre y le asesoro con frases hechas para su próxima compra de vivienda. A veces me gusta jugar a líder que baja a codearse con el populacho.

CAPÍTULO 8

Ni siquiera quiso quedarse a comer. No me sorprende en absoluto. Tampoco me duele, ya no.

Preparo dos tajadas de melón de la Galia, un zumo de naranja natural y un café solo sin azúcar. Agarro mi paquete de Marlboro y salgo al jardín a desayunar.

Cuando comenzábamos a vernos, recuerdo las palabras que me dijo mi padre: "ese chico apunta alto, no lo pierdas que es una gran oportunidad". Que equivocado estaba. No en lo de apuntar alto, pero quizás debí dejarlo escapar.

Yo cursaba en la facultad de empresariales el cuarto curso. Estaba a punto de terminar. Me apunté a esa carrera no con la pretensión de heredar la empresa de papá, sabía que era para Alfredo, mi hermano. Como una dinastía aristocrática, la herencia iba a ser para el hijo varón, en el caso que hubiera alguno. También debo reconocer que mi interés e implicación en la empresa de zapatillas fue nula.

Mi padre creó esa empresa alrededor de los años setenta, cogiendo importancia nacional a comienzos de los ochenta. A finales de la siguiente década comenzó el declive, fue cuando las grandes empresas del sector, principalmente Nike y Adidas, fagocitaron por completo el sector del calzado deportivo. El último intento de Alfredo por reflotar la empresa de papá, fue comenzar a fabricar calzado no deportivo y fue la puntilla. Dicha nueva línea estratégica requería un esfuerzo económico en la inversión, que obligaba a despegar en ventas rápidamente, sin embargo, dicho despegue nunca llegó. Por otro lado, Alfredo tuvo la inteligencia suficiente de no entrar en pérdidas personales, así que cuando lo rodearon por completo la totalidad de los acreedores, vendió los terrenos y la fábrica, se embolsó el dinero en la cuenta de su esposa y se declaró insolvente. A partir de ahí, a vivir la vida. Sacrificó la empresa familiar, presa de un sector en oligopolio y de unas malas decisiones.

Aunque nunca me interesé en las zapatillas de papá, tuve que estudiar por tener que hacer algo. Hasta que apareció Artur.

Cuando él apareció, parecía que era la típica persona que sabía lo que quería a toda costa. No era admisible cometer ningún error. Su orgullo y determinación no le permitían echar marcha atrás nunca y desde el primer momento, fue con la intención de establecer una relación seria conmigo. Hubo momentos que me preguntaba cómo podía haber enamorado a semejante pieza, cuando apenas nos conocíamos. El me declaró su amor incondicional a los pocos meses de estar saliendo. Yo quedé embelesada cuando consiguió que creyera que me quería.

Una vez nos hubimos casado, pasé una temporada muy feliz. Pero estaba feliz porque me engañaba a mí misma, nuestra relación ha sido igual de protocolaria desde entonces. Llegamos a un acuerdo sin hablarlo, en el que mostraremos el interés justo por los asuntos del otro. Él se dedicará a su carrera política, ciertamente iba viento en popa con continuos ascensos, y de suministrar a la familia. Yo, por otro lado, me encargaría de llevar la casa y no molestarle demasiado con asuntos ajenos a él. Cuando digo ajenos a él, me refiero a todos aquellos en los que él mismo no se viera envuelto. Dicho acuerdo más adelante incluyó también a Rocco, nuestro único hijo.

Nuestro pobre hijo nació fruto de un matrimonio que no tenía ni pasado ni futuro. Rocco fue presa de unos padres que no querían estrechar más lazos entre ellos, siendo el pequeño señalado por ambos como una molestia añadida. Creció solo y cuidado más por las varias niñeras que pasaron por su vida que por nosotros dos. Yo en diversas ocasiones intento mostrarme, ficticiamente, como una madre preocupada. Artur ni siquiera eso, sólo se encargaba de proporcionar dinero a la familia e intentar pasar siempre desapercibido.

Por ello el chico conforme fue creciendo, fue mostrándose más infeliz, más aislado. Pero es un adolescente, seguro que pasará. Aunque hemos de reconocer que no estamos regando la planta de la paternidad con los elementos necesarios. A mí sólo me puede reconocer haber estado allí, como la mesa de la cocina. A su padre sólo le puede reconocer que siempre le ha proporcionado todo lo que el dinero puede comprar. Por ello lo más importante que necesita un niño, que es inmaterial, no lo echará en falta, pues nunca se lo dimos.

Creo que fue cuando Rocco tenía cerca de dos años cuando acepté que mi marido me engañaba. Anteriormente hubo múltiples señales. Marcas de arañazos en la espalda, olor de perfume en el cuello, alguna mamada que hacía en la que su eyaculación era más bien escasa… cosas que se notan, sobre todo si te quieres fijar. No tuvimos una gran discusión, sólo pregunté y él puso esa sonrisa de hijo de puta, que él cree muy seductora, y me contestó que cómo podía pensar eso, estaba todo el día trabajando, rodeado de hombres y mujeres, "joder como no voy a oler a perfume si todo Cristo va con su secretaria a todos lados". Para él el resto de cuestiones eran imaginaciones mías. Lo cierto es que es una situación nada original. Un señor de mediana edad, con mucho poder e influencia, casado con una mujer a la que no hacía ningún caso. Joder, si creo que hasta sus encuentros con nosotros o visitas a casa, deben estar en su agenda.

Hasta los encuentros sexuales han pasado a ser de lo más rutinario. En nuestros comienzos, no es que fuéramos especialmente pasionales, pero no era todo tan milimetrado. Sin embargo, con el paso de los años, nuestro sexo ha quedado relegado a encuentros de aquí te pillo y aquí te mato. Sexo disfrazado de tengo tanta pasión que no puedo contenerme de verte tan sexy, sin embargo, no eran más que sexo por compromiso, de fichar en la oficina. Al cabo de un tiempo, yo me sentí igual y lo hice con las mismas pretensiones. También he aprendido a chillar un poco, fingiendo un orgasmo alucinante.

Hace un par de años, decidí que no me podía quedar con un sexo tan pobre durante el resto de mi vida. Por ello decidí emplear un poco de ese dinero en mi bienestar. Lo primero que hice fue apuntarme al mejor gimnasio de la ciudad. Hice un par de amigas, esposas de compañeros de partido de Artur, que iban a ese gimnasio y decidí dar el salto. Quedábamos para ir juntas, sin embargo, al llegar, cada una se reunía con su entrenador personal y nos machacábamos un poco. Al salir, tomábamos un café o bebida de soja en el bar del gimnasio. Nos poníamos al día de las ausencias de nuestros maridos, pude comprobar que era un mal común en parejas de políticos. A los pocos meses fuimos intimando sobre nuestra situación sexual y todas adolecíamos de lo mismo. Una de ellas me confesó que se tiraba a su entrenador personal, sabía que él no sentía nada por ella, pero le daba unas propinas disfrazadas de ayuda para crear su propio gimnasio. A las pocas semanas comenté en el gimnasio que quería cambiar de entrenador personal y me pusieran al de mi amiga.

Después de dos semanas le pedí que acudiera una tarde a mi casa para realizar una sesión de yoga, pues quería que me indicara cuál era la mejor zona de mi jardín para practicar y cuáles sesiones encajarían mejor en mi situación. Al cabo de veinte minutos de sesión me estaba follando duro en la caseta del jardín. Noté como su polla dura de menos de treinta años, apenas cabía en mi boca y disfruté enormemente cuando la metí en mi vagina sin estar del todo dilatado, sufriendo un dolor lacerante que me resultó muy excitante. En poco más de un año, me había follado a tres entrenadores personales diferentes. La verdad es que no sabía que tenía esa hambre sexual hasta que comencé a hacerlo con chicos con veinte años menos que yo. Sabía que lo hacían por dinero. Aunque yo me sintiera bien con mi cuerpo, tanto ejercicio y sexo habían esculpido mi cuerpo de forma atlética, para mis casi cincuenta años, ellos no se hubieran acostado con una señora de mi edad sin dinero por medio. Eran auténticos dioses griegos, aunque más tontos que una piedra.

Con el paso del tiempo he aprendido a no ofenderme por las desatenciones de Artur. Son incesantes, respecto a mí y respecto a Rocco. Con el paso de los años tampoco he desarrollado yo el instinto maternal que se me supone. He entrado en esa cómoda insensibilidad que me ha convertido en una hedonista cortoplacista. Intento disfrutar de los placeres de la vida, todos aquellos que puedo comprar gracias a la posición de mi marido. A cambio de ello, intento no molestarle mucho. Cuando está en casa le complazco con sus intenciones, cuando no está en casa le pregunto con falso interés por sus aparentes preocupaciones y finjo hacer planes con él. Planes que él siempre a última hora se encarga de anular. Como las vacaciones que íbamos a hacer los tres al Caribe. Sabía desde un primer momento que él no iba a venir, ya me lo había hecho en tres ocasiones anteriores. En el momento de anular, nunca me he dedicado a echarle nada en cara ni hacerme la ofendida para que suponga un enfado. Al contrario, me muestro dolida y comprensiva con la situación, otorgándole una condición de mártir, el pobre nunca puede estar con su amada familia. Es lo mejor para todos.

Así planeé mi viaje. Tampoco quería que viniera Rocco, estaba claro. Si no tenía que cargar con mi marido, no iba a cargar con el pelmazo de mi hijo. Así que reservé una habitación doble en uno de los mejores hoteles del Caribe y me marché yo sola. Cuando se lo dije a mi hijo, sólo le dije que me marchaba con unas amigas. Sabía que su padre no tendría ninguna intención de hablar con él durante estos días. Así que Artur pensó desde el primer momento que me iría con él. Me dediqué durante diez días a estar tumbada en una piscina de lujo y en una playa paradisíaca, bebiendo cócteles exóticos, comiendo manjares propios de los ángeles y follando cada noche con un mulato diferente, hasta que tuve que volver. Ciertamente fue un homenaje del que tardaré en olvidarme. Disfruté como una enana.

Conforme han ido cayendo los años, como pesadas losas, he aprendido a no esperar nada de mi matrimonio. Algo podrido desde su gestación, con unas raíces enfermas. Mi marido es un elemento extraño en su propia casa, donde nuestras conversaciones son igual de profundas que las que se tienen con un taxista, unos encuentros amorosos programados y faltos de vida. Un hijo estúpido que, más tarde que temprano, tendremos que llevar al psicólogo para que le cuente la mierda de atención que sus padres le han brindado. La depresión y la psicopatía van a ser los mejores compañeros de viaje de ese chico. En el fondo me duele un poco, por él, pero no lo suficiente para involucrarme más en su educación, ahora ya no. Pagamos el mejor colegio de la ciudad, creo que además de instruir, podrán enseñarle los valores necesarios para afrontar un futuro esperanzador, ese que el dinero e influencia de su padre sea capaz de concederle.

Cuando vino para hablar con él sobre su incidente en el instituto, el tonto del crío no tiene ningún cuidado, fue su último feo. Prometió quedarse a comer y en cuanto cumplió su papeleta de padre, se marchó con una fría y rápida despedida. No me sorprendió, tampoco me enfadó, sólo fue la enésima confirmación. Confirmación de que es un hijo de puta egoísta, que pasa el día actuando. Actuando en el partido, actuando en el congreso, actuando en familia. Alguna vez me he preguntado si llegaré a conocer al verdadero Artur Venganza, supongo que no.

Ya he terminado mi desayuno. Después de fumarme mi tercer cigarrillo del día, aunque apenas lleve cuarenta minutos levantada, me quito toda la ropa y me zambullo en la piscina. Intento hacer todo el ruido posible, a ver si hay suerte y el empleado de mantenimiento me ve y se atreve a echarme un buen polvo.

CAPÍTULO 9

Por fin llegó el fin de semana que supone la apertura de la campaña para las próximas elecciones. Esta celebración es lo más parecido al renacimiento de Sodoma y Gomorra. Nos juntamos los peces gordos del partido, con la coincidencia de ser el gobernante, y pasamos el fin de semana en una gran fiesta sin ningún tipo de freno. Pero no es una fiesta de barbacoa y cervezas. Supone el poder llevar a cabo todas las extravagancias que se te puedan ocurrir, comer las mejores viandas del mundo, beber los mejores licores o vinos de la tierra, esnifar toda la cocaína que te permita tu tabique y putas, muchas putas, dispuestas a realizar todos los oscuros y cerdos deseos que se nos ocurran.

El gobierno ha reservado uno de los hoteles nacionales que normalmente están abiertos al público y aportan interés turístico y cultural al ciudadano.

No faltan ni uno de los ministros del actual gobierno, ni el presidente, ni, por supuesto, la secretaría del partido. A pesar de ser un descontrol absoluto, reina una omertá siciliana. No podemos romper ese silencio, gracias a que todos tenemos cosas que ocultar. Las perversiones de los individuos más poderosos del país, quedan ocultas por el miedo a que se hagan públicas las de cada uno, encontrando un equilibrio en el que todos nos encontramos seguros de una extraña manera.

Como actualmente estamos en el gobierno, no hemos podido ausentarnos todos los del partido de los deberes de estado. Se han tenido que quedar un par de mujeres de cargos intermedios, las mujeres siempre son las que menos participan de estas fiestas, y dos miembros ejecutivos, con escaño propio, como miembros de referencia en caso de tener que realizar declaraciones de urgencia. En caso de tener que afrontar alguna crisis de alta urgencia, como un atentado terrorista, por ejemplo, existen unos médicos de emergencia vinculados al ministerio de sanidad, que se encargarán de administrar los fármacos necesarios para revertir los efectos de alcohol o cualquier droga que podamos consumir, algunos de esos compuestos no están en conocimiento ni del estamento sanitario ni tienen licencia para su utilización por el pueblo, para no aumentar el consumo de sustancias adictivas.

Me preparo en el piso del partido con una buena ducha, me visto de ropa de sport para encontrarme lo más cómodo posible. Me encuentro muy ansioso, debido a que sé la que se viene encima. He cagado ya tres veces, la última casi líquido. Por ello decido meterme una raya de cocaína y tomarme una cerveza en la terraza.

Cuando comienza a hacer efecto, me siento igual de ansioso, pero mucho más a gusto.

Me subo al coche oficial y me trasladan al hotel. Nada más llegar me encuentro con Jorge a la entrada. Entramos juntos. Él me confiesa que está un poco nervioso, ya que nunca ha estado en esta celebración ya que fue elegido una vez se hubieron ganado las elecciones. Le invito a que se relaje y disfrute, en unas horas podrá desenfrenar de tal modo que las fiestas de antes le parecerán tomar el té con un par de señoras.

Entramos en las instalaciones. Entregamos los teléfonos móviles personales a uno de los miembros de seguridad de la entrada. Hace una noche muy agradable, creo que rondaremos los veintiún grados y no hace ni una peseta de aire. En el patio central, que es una explanada ajardinada enorme, se han dispuesto varias mesas con comida estilo catering, con gran cantidad de marisco, comida de barbacoa más tradicional, un par de bandejas de fruta recién cortada, los mejores embutidos, innumerables tapas, montañas de caviar, tortillas con langosta, platos de caza con faisán, ciervo o codorniz, varios platos de sushi o varios postres de chocolate con oro. A ambos lados del jardín encontramos un par de barras enormes, repletas de camareros para no tener que esperar a ser servidos en ningún momento.

Cuando hemos llegado todos a la zona del jardín, se dirige a un pequeño atril el presidente. Agradece la llegada de todos y cada uno, nos invita a que disfrutemos durante el fin de semana porque la campaña va a ser dura y necesita del compromiso de todos y cada uno de los miembros del partido.

Se palpa que hay cierta excitación en el ambiente. Veo que hay más gente que espera esta celebración con la misma ansia y nervios que yo.

Comenzamos con un cóctel desenfadado, mezclándonos entre todos. Jorge no se separa de mi lado, se encuentra un poco fuera de lugar, así que intentaré que se relaje. Me acerco a hablar con nuestro ministro de interior, Eduardo Moreno. Es un tío que tiene pinta de moro, pero el cabrón es muy divertido. Siempre ha sabido quitarse cualquier tipo de problema o polémica añadiendo un poco más de mordiente y saliendo con mucha simpatía. Pero es un jodido inútil. Comentamos un poco las ganas que tenemos a que comience la fiesta de verdad. Se nos acerca Guillermo Pitarch, el de trabajo, sobre quien pende la guillotina. Nos confiesa que se encuentra muy cansado, pero que estará un rato más con nosotros. A lo lejos veo a Jorge que charla animadamente con Mariano, el puto pelota de exteriores. Espero que no sea demasiado abierto o sincero con él, seguro que se le viene en contra.

Diviso en una de las barras a la encargada de comunicación, Leticia. Últimamente ha estado demasiado presente en mis fantasías y, a pesar de que nos esperan una cantidad ingente de mujeres, dispuestas a cualquier depravación y unos cuerpos de escándalo, no puedo evitar sentirme cachondo en cuanto la veo. Me decido a hablar con ella un rato, sólo para juguetear un poco. Me tomo una copa con ella y no consigo sacar gran cosa, sólo que en cuanto acabe la cena y un par de copas después, se marchará a su casa. Es una de las artimañas de la secretaría, las mujeres se tienen que marchar pronto, para que nosotros podamos desfasar a nuestro placer, sin ningún tipo de censura ni reparo; pues, reconozcámoslo, con mujeres presentes y con las que tengamos que tratar a diario, estas cosas cuestan más. Como veo que no entra mucho en juego, me tomo la copa rápido y me marcho a un apartado a esnifar un poco de cocaína.

De camino al reservado, no hay que meterse al baño como en las putas discotecas de quinceañeros, me llevo a Jorge conmigo. No es un gran amigo de las drogas, pero consigo convencerlo para que esnife un poco conmigo. También le advierto que no profundice en nada con Mariano, es un chivato que sólo mira para su propio interés y cualquier seudoconfesión, podrá ser puesta en su contra. Nos esnifamos dos buenas sobre una mesa auxiliar de cristal impoluto. En seguida notamos como desciende por el ascensor del esófago y nuestras pupilas se abren como puertas de un centro comercial, yo ya las llevaba algo alerta, lo reconozco. Charlamos durante media hora más o menos de lo mismo, que se relaje y disfrute, que no sea ansioso, pronto se desplegará el muestrario de prostitutas y podrá hacer lo que coño quiera. Las dos palabras que rigen este fin de semana son: INMUNIDAD TOTAL.

Cuando salimos se aprecia el ambiente más caldeado. Ya nadie está comiendo nada en absoluto. Todo el mundo está con copas y más copas. Tenemos una música ambiente muy bajita, que va desde el rock tradicional de The Beatles o The Yardbirds, hasta propuestas algo más modernas como Depeche Mode o Muse.

Nadie baila, todos estamos conversando. Siempre de forma amistosa. Veo al otro extremo del jardín a José Luis acompañado del resto de miembros de la secretaría del partido. Así está bien, que permanezcan lejos de mí.

Un par de copas después observo que se van marchando las últimas damas del partido, un par de concejalas de medio pelo, Leti y la ministra de Justicia, Consolación Cortázar, una mujer de unos cincuenta años que tiene cierta simpatía, pero en el fondo se queja absolutamente de todo, gran maestra del ventilador esparce mierda.

Me voy hasta la barra y me encuentro con Juan Villadiego, ministro de economía y antiguo compañero de máster. Es un tío muy divertido cuando va borracho, si no es tan tímido que resulta demasiado aburrido. Lo veo que está achispado porque me invita a un poco de cocaína, ya voy perdiendo la noción del tiempo porque no sé cuánto llevo sin tomar nada. Es igual, acepto gustoso. Necesito llevarme bien con todos los ministros ya que, tarde o temprano, acabo trabajando con cada uno de ellos, generalmente para solucionarles algún problema.

Nos metemos en la zona reservada y al salir, nos damos cuenta que varias personas se han desplazado al interior de las estancias. Eso quiere decir que comienza la fiesta de verdad. Entramos los dos juntos en un salón enorme donde vemos a tres tías desnudas y buenas de verdad, dándose de hostias en una especie de cuadrilátero de boxeo, pero muy chabacano. Además, está el portavoz del gobierno, Ramiro, con un megáfono radiándolo todo, de una forma muy soez, que levanta continuamente los aplausos y vítores de todos. Dos de las fulanas se han aliado y se dedican a darle patadas sin parar a la tercera. En un momento entra en el cuadrilátero Santi, el ministro de defensa, separa a las chicas agresoras de la tercera y vuelca con violencia su bebida sobre la furcia que está postrada inconsciente en el suelo y le lanza un potente escupitajo. Todos rompemos a gritar y aplaudir como auténticos locos. El tío se viene arriba y comienza a mear sobre ella. Creo que hay dos o tres que están al borde del infarto, casi se mueren de risa, entre ellos Juan.

Después de que Santi orinara en la cara de la prostituta magullada, salí de esa habitación y me conduje hacia otro salón del hotel, destinado otrora para convenciones, exposiciones y eventos. De camino veo otra vez al de interior, Eduardo, completamente ido. No sé cuánto habrá bebido este tipo, pero se ha pasado. Lo encuentro sudando a mares en una esquina, completamente rojo y hablando solo. Joder, no sé si le estará dando un golpe de calor o algo así. Eso quiere decir que ya se han destapado las esencias del desfase total.

Cuando entro al salón, me encuentro a uno de los consejeros de industria, uno de los que nos acompañó a la visita de la fábrica de automóviles, follándose por el culo a dos fulanas. Están las dos con el culo en pompa y el pobre diablo, con la cara absolutamente desencajada, entrando en una y cuando sale entra en la otra. Las chicas no alientan, a pesar de que entra con toda la fuerza que puede y se ve que el muy cabrón intenta desgarrarles el ano. Alrededor de lo que podríamos considerar el escenario, se encuentran dos de la secretaría del partido, mandamases, Jorge, su jefe directo, que parece se ha desmelenado, pero bien, riendo con la mandíbula desencajada y tirándoles hielo a los tres actores. También tenemos otros cargos intermedios del partido alentando al magnífico protagonista, las putas son como el atrezo. Me pego a Jorge y me decido a lanzar también unos hielos, a ver si hay suerte. He de decir que mi puntería va dirigida a los genitales del consejero, aunque, con la adrenalina que destila, creo que ni siquiera los notaría. Fallo todos los tiros, pero uno de ellos le acierto a una de las chicas en la parte inferior de la vagina, lo consideraremos medio premio.

Sigo un poco más hacia adelante, sorteando el espectáculo, y me introduzco en una sala mucho más tranquila. Algo de música de fondo, no demasiado alta. La gente charla animadamente. Me encuentro al presi y me dice que se está tomando un poco de cocaína con los cubatas. Por eso lo veo tan animado y disfrutando como un chiquillo. Me comenta que en breves va a empezar un espectáculo muy bestia que se les ha ocurrido a los del servicio secreto con Eduardo a la cabeza, aunque el pobre con lo borracho que va ya no va a poder enterarse de nada. Pido un Glenfidich de no sé cuántos años y le digo que venga, vamos para allí.

Entramos en un salón grande y muy oscuro. Está dispuesto como una especie de plaza de toros, con un foco de luz muy potente iluminando el centro. Alrededor del centro están dispuestos unos tablones, como burladeros. Veo que colgados de los burladeros en el lado en el que nos encontramos nosotros, hay dispuestos una especie de bolsas llenas de algo muy duro. En ese preciso instante, vuelve a aparecer Ramiro, el portavoz, con su megáfono nuevamente. Es cierto que para querer ser así de protagonista hay que valer, pero es cierto que el cabrón dice tantas barbaridades y de forma tan barriobajera que todos lo encuentran desternillante. Yo sólo a ratos.

Nos empieza a decir que en esta ocasión nos van a presentar un espectáculo digno de las personas más poderosas en todo el mundo, a no ser que seamos capaces de viajar en el tiempo y nos traslademos al siglo I más o menos. Estamos todos bastante perplejos. Algunos están vitoreando e increpando a Ramiro para que cante de una vez y comience el tan esperado show. Al cabo de pocos segundos, el maestro de ceremonias se aparta y entra por una puerta extraña un hombre de unos cincuenta años con aspecto muy sucio. Realmente parece un vagabundo. Estamos todos desconcertados. Ramiro nos empieza a decir que "este señor se llama Eulogio Nieves. Es un sin techo desde hace más de veinte años y no tiene ninguna gana de reinsertarse en la sociedad, ni de encontrar trabajo. Ni siquiera quiere utilizar los albergues que tenemos distribuidos por toda nuestra capital. Pero él sabe que tiene una deuda con dos de sus hijos, a los que nunca ve. ¿Verdad Eulogio? (éste no responde y apenas parpadea). Se ha llegado a un trato con él que consiste en que vamos a entregar la suma de 50.000 machacantes a sus dos hijos. Os estaréis preguntando: ¿Y eso por qué? Muy sencillo amigos y compañeros. Se los vamos a dar porque Eulogio a cambio de eso ha accedido a que sea lapidado por todos nosotros. Encontraréis proyectiles en unas bolsas que están clavadas en los maderos que tenéis en frente vuestro". Se hace un silencio sepulcral en el salón. Estamos todos sorprendidos y expectantes. Lo cierto es que los mayores desenfrenos que habíamos podido ver en estas celebraciones nuestras, casi siempre eran de sexo muy oscuro, fetichismo o masoquismo, o algo muy cerdo, lluvias doradas o menos doradas. Pero nunca nada tan violento. No nos acabamos de creer del todo la situación. Pero fui de los primeros en darme cuenta que esto, iba en serio. Al volverme a ver a Sergio, el presidente, lo vi mofándose en silencio. Se estaba sujetando los labios y casi las mandíbulas, mientras veía que le caía una lágrima a cada lado de su cara enrojecida. Ramiro nos instó a comenzar, "no vais a tener cojones ninguno o qué chavales, al final voy a tener que empezar yo". En esto que, no sé de dónde, le cayó una piedra al pobre infeliz, aunque sólo le alcanzó en la rodilla levemente. Cuando todos vimos que nadie decía nada al respecto, rápidamente todos nos abalanzamos a coger piedras y lanzarlas sobre Eulogio. Ya no sabemos quién sí y quién no acertó. La lluvia de rocas fue colosal, lo cierto es que duró todo aproximadamente un minuto. Cogimos todos y lanzamos los proyectiles tan rápido, espoleados por la adrenalina y la cocaína, que cayó rápidamente protegiéndose la cabeza, aunque ya era tarde. Una piedra le había golpeado en una parte inconcreta del rostro y éste lo cubrió como pudo colocándose acto seguido en posición fetal. No nos importó, seguimos lanzándole piedras y más piedras, joder nos acabamos de cargar a un hombre a pedradas. Creo que mientras estaba en el suelo le alcancé en dos ocasiones seguidas en el torso y me enorgulleció, dándome más ansias de acertar y seguí lanzando hasta que me quedé sin munición. Creo que es lo mismo que nos pasó a todos. Tuve un leve momento de regocijo al hacer un barrido y comprobar cuál era el gesto de mis compañeros. Todos representábamos el mismo mal, con rostros diabólicos, ojos llenos de violencia, hasta colmillos llegué a vislumbrar, con cantidades de saliva goteando de nuestras fauces. En ese preciso momento, me sentí como en casa. Extrañamente era una de las pocas ocasiones en que me había podido sentir yo mismo y sin actuar, lástima que fuera tan breve. Al cabo de un instante, se acercó Ramiro de nuevo con el megáfono, con un caminar a medio camino entre la solemnidad y el miedo a que se levantara. Apartó las piedras que estaban encima del vagabundo y encontramos un amasijo de sangre y carne. Difícilmente podríamos haber dilucidado cuál era en realidad su rostro, se encontraba totalmente lacerado y magullado, faltando un ojo en su totalidad, creo que igual fue el golpe que le hico caer al suelo. Como tiene que doler. Ramiro se colocó el megáfono en la boca y comenzó a gritar, como un futbolista que marca un gol en la parte final de la prórroga, juntando a partes iguales testosterona, instinto primitivo de violencia y mucha soberbia. Pero si se le vuelve el del suelo se hubiera cagado encima.

Me encuentro terriblemente excitado, por ello decido agarrar dos fulanas que encuentro saliendo del salón. No sé cómo organizan esto, pero saben donde poner lo que necesitas en cada momento. Una de ellas es negra y la otra rubia. En realidad, la rubia me daba igual, pero sí quería una negra como fuera. Esta puta negra está muy buena, tiene unas tetas muy grandes y bien puestas, gracias a Dios sin operar. Unos labios gruesos que ya imagino rodeando mi polla. El culo es bastante grande en comparación con la cintura y el resto del cuerpo, pero no me molesta en absoluto. Incluso me excita. Sus manos son pequeñas, pero aparentan ser muy sedosas. El cabello está muy bien cuidado a pesar de llevar rastas. Los ojos de color negro, son levemente achinados. Dejo que ella vaya delante al subir las escaleras hacia las habitaciones para así poder deleitarme con su culo. La rubia va detrás y también está bien.

Entramos en la habitación y me preparo otro whisky, aunque ya no sé qué marca ni año ni nada. Mientras les digo que vayan jugando entre ellas. Ellas comienzan a besarse pasionalmente y la rubia descubre rápidamente las tetas de mi negra. No defraudan, son del tamaño justo y de una consistencia natural, dignas de una veinteañera. Comienza la negra a besuquear las tetas de la rubia, algo pequeñas. Me preparo un poco más de cocaína, una dosis que no es ni larga ni ancha, es muy alta. Esnifo con alguna dificultad, ya que se me cae una parte de mi caño izquierdo. Reesnifo. Para ayudar a pasar el trago amargo de la coca echo un buen trago de la copa. Me levanto y me saco la polla, ordeno a la negra que me la chupe y a la rubia que me lama el agujero del culo. Me encuentro terriblemente excitado. Noto como la de atrás comienza a introducir ligeramente su lengua dentro del orificio y me vuelve loco. Agarro la cabeza de la negra y comienzo a follarme su cara sin dejarle coger aire. Continúo así durante al menos un par de minutos hasta que consigo correrme. Al tiempo agarro fuertemente de las orejas a la negra y se la meto hasta el gaznate y creo que mi semen golpea su campanilla. La negra comienza a tener arcadas y tos profunda, aunque no vomita. Yo entro como en cólera sólo de pensar que va a vomitarme encima, joder que asco. Le propino un bofetón muy sonoro en su húmedo rostro, mezclando sudor y lágrimas a partes iguales. Cuando la veo en el suelo me doy cuenta que la rubia ya ha desaparecido. No me puedo controlar y comienzo a increparla, diciéndole que si me llega a vomitar encima es puta muerta. Le doy una patada que ella consigue amortiguar con sus rodillas, joder me ha hecho un poco de daño. Me marcho y le lanzo un escupitajo mientras suelto un "me cago en Dios".

Al salir marcho hacia la barra del jardín de entrada. Me encuentro totalmente realizado. Tanta violencia, a lo que no estoy acostumbrado, me ha hecho sentir bastante bien. Me pido un vodka con zumo de naranja. Voy a cambiar de combinado, ya que el whisky me está dejando deshidratado. Al volverme me doy cuenta que José Luis está detrás de mí. Vaya mala suerte he tenido, con lo grande que es esto y la cantidad de gente para dar el coñazo que hay y me tiene que tocar a mí ahora. Me pregunta qué tal va la cosa, cómo lo estoy pasando. Le digo que lo de la lapidación ha sido muy divertido e inesperado. Él me confiesa que tuvieron algunos reparos al respecto, pero hay que reconocer que había sido un éxito. No sé cómo lo superarán las próximas precampañas. También me reconoce que la primera piedra fue suya, porque sabía que no tendríamos cojones ninguno para comenzar. Este hijo de puta no desaprovecha la ocasión para quedar por encima de los demás.

"Por otro lado", me dice, "tenemos que hablar contigo Artur. Estamos pensando algunos cambios de cara a las próximas elecciones y, debido a algunos acontecimientos recientes y posibles consecuencias para el partido de cara al futuro, lamentamos decirte que estás fuera amigo". Su puta madre, me acabo de quedar helado y sin capacidad de reacción.

CAPÍTULO 10

Asesor de agricultura, ese iba a ser mi nuevo puesto en el partido y en el posible futuro gobierno. No puede decirse que estuviera contento o satisfecho, ciertamente estaba terriblemente contrariado y me sentía muy asqueado.

He estado pensando dejar el espectro nacional y quedarme en un ámbito más regional, debido al varapalo. Deseché rápidamente la idea. Una vez que has llegado a cenar en la mesa de la gran política, quién quiere comerse un bocadillo de gasolinera.

Fue el maldito José Luis quien me lo anunció. Justo cuando llegaba el ecuador en la fiesta precampaña del partido me soltó la bomba. Vaya manera de joderme la fiesta.

!!!!Pero cómo no van a contar conmigo¡¡¡¡

Había ayudado a cada uno de los ministros encargados y nombrados por este gobierno en sus sucesivas meteduras de pata. Había asesorado a los órganos de dirección en algunos nombramientos, como el de Jorge, del que, no tengo ninguna duda, debían estar más que satisfechos. Estábamos lanzados para poder gobernar una nueva legislatura y me puse a su disposición, aún imaginando que podría tocarme un ministerio, lo cual no me apetecía en absoluto.

Cualquier cosa hice y hubiera hecho por el partido, por no perder ni un milímetro de mi cuota de poder. Saberte por encima de tanta gente y repartir lo que yo puedo considerar justicia, castigo o bondad es como una droga para todos los que regentamos el poder. En el momento que somos apartados bien por órdenes de partido, bien por resultado de las elecciones, nuestra única obsesión es recuperar el poder que tanto nos había costado ganar, a costa de chupar unos cuantos malolientes culos y tragarte unos cuantos sables.

Se me explicó cuáles fueron las circunstancias que llevaron a tal situación. En un primer momento, pensé que había sido por mi recomendación de utilizar el servicio secreto para solucionar el chantaje que sufría Santi. Aunque José Luis fue tan claro como poco sincero, de eso estoy seguro. Me dijo que cometí dos grandes errores en dos de las últimas operaciones que había llevado a cabo.

El primer error fue cuando estuve echando un cable a Cristóbal, el de sanidad, a hacer frente a su problema con los sindicatos. Me dice que uno de los sindicatos, el minoritario, no quería aceptar el trato que ofrecimos. A última hora, con la intención de presentarse como "una alternativa real a los sindicatos mafiosos actuales", valiéndose de la información que compartimos en la reunión con ellos y amenazando con hacerla pública, se desmarcaron totalmente del acuerdo. El segundo error corresponde a una filtración que hubo en la reunión que tuve con los magnates del sector bancario. En dicha reunión asistió algún iluminado que quiere tener su cuota de protagonismo en su miserable vida de mierda, a costa de hundir mi reputación intachable como político.

Esas fueron las dos razones que me ofreció la secretaría del partido, de boca del hijo de puta de José Luis. No me quedó otra salida que aceptar y quedar, nuevamente, a las órdenes y necesidades del partido. Ambos sabíamos que me estaba mintiendo como un perro traidor, juego político. Nunca hubieran sido razones de tal importancia para prescindir de cualquier miembro del gobierno y, menos aún, del partido, en el caso de querer mantenerlo. Se programa un lavado de imagen, se acuerda con los principales medios de comunicación enterrar ambos asuntos o, al menos, no darle demasiado bombo; se negocia con el sindicato rebelde un acuerdo de mínimos que hubiera supuesto poco esfuerzo y asunto resuelto. Me quedo aún más en la sombra durante un tiempo y vuelta con más fuerza en unos meses.

Pero el partido no quiso apostar por mí. En el mejor momento de mi carrera política, cuando mayor desenvoltura demostraba y más poder manejaba, como a un niño que agarra lo que no debe, de un manotazo me lo quitaron.

Después de mucho cavilar, creo haber hallado una razón plausible. La secretaría, en un primer momento, ha coqueteado conmigo haciéndome creer que tenían para mí aspiraciones mayores. Sin embargo, en un determinado momento, he debido cometer algún error menor que una cabeza pensante ha considerado mayor. Sin llegar a entender el qué ni el cómo, intenté atar cabos.

Andrés, otro miembro de la secretaría que, aunque de la misma importancia jerárquica, mucho menor peso en el partido que José Luis, se follaba todo lo que podía. Lo pude saber por terceras o cuartas personas, se estaba follando a una secretaria del servicio secreto. EUREKA, era la que había cantado sobre lo que estaba haciendo el ministro de Defensa. Dios sabe por qué razón, me toca a mí pagar la cuenta. Quizás era la misma que también se follaba Jorge, quién sabe.

Ciertamente a poco que cualquiera de los miembros gordos del partido e incluso alguno no tan gordo, hubiera intentado averiguar un poco sobre el tema, hubiera sabido que dicho ministro inició el asunto. Con el poder correspondiente que otorga la secretaría, acorralaron a Santi, y el traidor no dudó un instante en señalarme a mí. Veo que mis advertencias no han debido valer mucho para ese imbécil.

Una vez que he llegado a tal deducción, lo primero que he pensado es lo barato que he salido. Pero si la cúpula hubiera tenido algún interés en mi persona como peso potente y con futuro del partido, hubieran disuadido o medio contentado al jodido Andrés. Alguien debió verme como una amenaza y aprovechó la coyuntura para apartarme de su camino.

Putas conjeturas. Con eso me quedo. Y con una asesoría de agricultura… como si fuera un jodido novato, me toca comenzar de nuevo desde casi cero. Volver a prostituirme por cada una de las consejerías y ministerios, volver a reír las gracias a todos y cada uno de los que están por encima de mí que, en este preciso momento, son muchos más de los que me puedo acordar.

Ahora me va a tocar viajar sin cesar por pueblos y campos de mierda, acompañar al ministro de agricultura, Jesús Romero, que tiene la misma idea del tema que yo, asistir a reuniones con agricultores paletos y, lo más lamentable de todo, sin poder apenas opinar ni decidir.

He sido tan degradado y bajado de nivel, que sólo me queda asumir y esperar que la situación vuelva a cambiar.

Entro mi primer día en el ministerio de agricultura y la primera impresión es que una honda tristeza inunda por completo el edificio. Las paredes tristes, las mesas tristes, los cuadros tristes y los funcionarios más tristes de todo el país. Ese es mi nuevo centro de trabajo. Al menos la secretaria de recepción tiene un buen par de razones para sonreír por las mañanas. Me la intentaré follar, tiene que ser mi mejor pasatiempo mientras dure mi condena en agricultura.

Me dirijo al despacho del ministro y me lo encuentro fumando un cigarro negro mientras mira por la ventana distraído. Le saludo efusivamente, más me vale que nos entendamos bien. Sé muy bien que estoy muy por debajo, pero hasta hace poco éramos iguales y debe valer. Me corresponde también con un saludo cálido, parece que va bien. Me confiesa que le parece una putada lo que me han hecho y que, seguramente, más pronto que tarde recularán y volveré a ocupar el puesto que merezco. Muestro mi fingido agradecimiento. Él, por su parte, me dice que no tengo que preocuparme por nada mientras esté en agricultura, sólo debo figurar donde toca y estar en la fotografía pertinente, él se encargará de dar buenos informes míos. Hay que joderse, hasta hace bien poco no me importaban nada los informes del ministro de agricultura. Me invita a tomar un café y acepto.

Rápidamente me escabullo de su despacho, la primera puesta en escena ya ha concluido. Le digo que voy a conocer un poco mi nuevo centro de trabajo. Me dice que no pierda mucho tiempo, en un par de horas, debemos salir yo y otros dos de mi mierda de rango a una reunión con unos productores de fruta y verdura, que están hasta los huevos de las grandes cadenas intermediarias. Intento excusarme argumentando que es mi primer día, no sé de qué va el tema y, seguramente, no diré nada que sume a la causa o contribuya a calmar las aguas. Él me pide/ordena muy amablemente, que vaya y sea quien lleve la voz cantante; tengo más política que toda la comitiva junta. Teniendo en cuenta, que es casi seguro que los Verde azulado van a mandar también a su comitiva para mostrarse como interesados en el tema y poder arañar algún voto rural de cara a los incipientes comicios, parece ser que no puedo faltar.

Subimos los tres en un Audi A5. Otro bajón, antes viajaba solo en la parte trasera y podía descansar, dormir o beber algo a mis anchas. Ahora tengo que preocuparme de no rozar al otro mierdecilla que está sentado a mi lado. En el asiento del copiloto se ha sentado la tercera asesora, que está lo más lejos posible de considerarse atractiva por algún ser humano. Me río para mis adentros pensando que, si en vez de una reunión con agricultores la tuviéramos con ganaderos, es posible que la confundieran y acabara en un establo pidiendo socorro.

Llegamos a un pueblo perdido y polvoriento. Me extraña que algo se pueda plantar en este campo. Nos recibe una comitiva de paletos desdentados, cuya mejor muestra de etiqueta es un palillo entre los dientes. Son hombres trabajadores, nobles, que se esfuerzan en sacar adelante su vida día a día y no comprenden la inoperancia del gobierno a sus problemas. Los entiendo perfectamente, aunque no me generan ninguna admiración ni simpatía. Joder, huelen que apestan.

Hacemos un poco al paripé y nos despachamos con ellos rápidamente, comprometiéndonos a nada realmente, más que a entonar unas frases de forzosa comprensión y un fuerte compromiso a irnos de este pueblo lo antes posible. Ellos quedan medianamente satisfechos. Se sienten escuchados, aunque yo no he prestado atención a casi nada.

Pero estos pueblerinos son menos tontos de lo que parecen, nos han dado a los partidos reunión uno detrás del otro. Como bien me dijo Jesús, mi actual jefe, justo cuando nosotros empezamos a intentar irnos, llega la comitiva de los Verde azulado. Parece que están bastante desesperados, puesto que han mandado un par de peces gordos a atender a los agricultores. Han venido, nada más y nada menos, que el encargado de agricultura y el portavoz en la cámara alta de su partido. En cambio, mi partido ha enviado a tres asesores, de los cuales uno es un renegado del partido, es decir yo mismo, otro es un joven valor recién salido de las juventudes prácticamente y la tercera es una vaca y eso es lo mejor que se puede decir de ella.

Me cruzo con el portavoz de los Verde azulado, Tito, nos saludamos efusiva y falsamente. Igual de falso que mi interés por el estado de salud de su demenciado padre. Me comenta que le extraña que desde el gobierno se hayan tomado tan en serio las peticiones de estos campesinos, mandando a todo un coordinador interministerial a esta mini crisis. Le sonrío y le digo que ese cargo ya no me pertenece. El partido ha decidido tomar otra dirección al respecto y me han mandado a echar una mano a agricultura. Intento maquillar inútilmente mi degradación, pero Tito no es tonto. Se muestra sorprendido y contrariado. Intenta sonsacarme cuál puede haber sido la razón de mi cambio; si he hablado más de la cuenta, si he follado más de la cuenta, si he robado más de la cuenta…. A todo ello le respondo que no, que no sé realmente cuál es la razón, pero me debo al partido y lo que debo hacer es acatar la decisión y sumar para el beneficio de todos.

Él ríe conmigo de forma cómplice. Se me queda mirando en silencio durante unos segundos y me dice que no sabemos a quién has jodido, pero quiere que sepa que en su partido eso les interesa. Me pregunta si no había pensado mandarlos a tomar por el culo y apostar por un cambio de verdad. "Claro" le digo, "me voy a vuestro partido y me postulo a presidente del gobierno". "Hombre, presidente no. Ya tenemos al imbécil de Cañizares para salir en las fotos. Pero tú eres un peso pesado. Todos sabemos que llevas años partiéndote la cara y solucionando mierdas en todos los ministerios. Un trabajo sordo, pero de vital importancia. Eso en mi partido se valora. Hay un hueco para ti Artur".

Me muestro y me siento sorprendido. Había pensado en muchas alternativas, pero nunca me hubiera atrevido a cambiarme de partido. Al menos no me habría atrevido a ofrecerme al partido rival. Quedamos en hablar esa misma tarde en el pub Lola´s. Me hago el duro, pero estoy deseando acudir y ver qué tipo de sugerencia pueden hacerme.

CAPÍTULO 11

Acabo de colgar con Teresa y no he podido evitar mandarla a tomar por culo. Después de haberle contado hace algunos días el tema de mi cambio de puesto, comienza a agobiarme con los rollos domésticos de ama de casa rica y sin preocupaciones y con los problemas de nuestro hijo. Cada vez tengo más claro que tiene deficiencia intelectual no grave sin diagnosticar; vamos, que el pobre es imbécil.

Me estoy mentalizando para la reunión secreta que hemos dispuesto para esta tarde Tito y yo. Imagino que vendrá algún miembro de la directiva de los Verde azulado. Voy a ir dispuesto a escuchar, sin hacerme idea de nada, sin pretensiones o prejuicios, sin pajas mentales.

Mientras tanto, me toca acudir a la cita diaria con mi estimulante nuevo puesto en agricultura. Me encuentro algo tenso e irritable por tener que perder la mañana en este ministerio. Pero no podemos ponernos exquisitos ahora mismo.

Después de darme una ducha y tomar un café en el bar de siempre, me subo al coche oficial para acudir al ministerio. Debo aprovechar porque si no me quitan este castigo de asesor pronto y me vuelven a colocar en algún puesto acorde con lo que merezco, me va a tocar ir en taxi y abandonar mi coche oficial con chófer.

Llego a agricultura, sin ninguna agenda ni trabajo en concreto que realizar durante este día. Sí tenemos un par de reuniones con empresas intermediarias y con productores de la federación agrícola continental en los próximos diez días. Por ello, creo que tendremos que dedicarnos a preparar dichos encuentros.

Vuelve a inundarme la tristeza cuando rebaso las puertas del ministerio, una vez pasado el control de entrada y detector de metales. Llevo un mes en mi puesto y todavía no he conseguido acostumbrarme a la luz mortecina de las instalaciones. Como el primer día que entré, lo único que brilla un poco es Elena, la recepcionista. Ya hemos establecido cierta relación y aunque, no es negra, tiene un buen par de tetas y una cara de lo más apañada. Le suelto un par de cumplidos y la mejor de mis sonrisas, ella me las devuelve con sinceridad.

Me dirijo directo hacia el despacho del ministro. Jesús me saluda amistosa y cercanamente. Creo que en el tiempo que llevo trabajando con él, no ha habido un momento en que me hiciera sentir incómodo o, en definitiva, puteado. Charlamos un rato sobre las reuniones que vamos a tener en los próximos días y me confiesa que no sabe mucho de qué van, tiene a un par de asesores trabajando en lo que tendrá que decir, así que me dice que no tengo de qué preocuparme, de camino el mismo día ellos me informaran. Una de esos asesores es Gloria, la ballena que viajó conmigo en mi primer día. La he conocido un poco estos días y me resulta una persona de lo más penoso que puede haber. Se pasa todo el día hablando de su marido, Chus, y de su hijo, Fito, los cuales me importan cero y no querría haberme aprendido sus nombres ni aunque viviera cien vidas. Pero es que en cuanto te paras unos segundos a hablar con ella por cortesía, te suelta cualquier tontería de ellos dos. He llegado a pensar que son inventados, que los repite hasta el infinito para que todo el mundo sepa que, a pesar de ser lo menos follable de la tierra, ha habido un gilipollas que se ha casado con ella y no está tan sola como merece.

Me quedo satisfecho y digo al ministro que estaré en la sala de reuniones consultando las informaciones del día, por si le hago falta para algo. Si no hay ninguna reunión programada, suele ser una sala bastante tranquila, ya que la mayoría de trabajadores del ministerio son administrativos y chupatintas que no pueden acceder a esta planta y el resto de asesores suelen estar juntos en el despacho de asesoría, charlando y tomando café sin parar.

Entro en la sala y tengo que encender el aire acondicionado, no por frío o calor, si no por el olor a cerrado que emana. De esta forma, por lo menos, circulará el aire y se renovará un poco. Enciendo uno de los portátiles para consultar la prensa. Antes que nada, me pongo algo de música, elijo JOY DIVISION y su disco de grandes éxitos. Este grupo cuando tenía veintitantos me encantaba, menos mal que Ian Curtis murió entonces, haciendo que el grupo muriera en lo más alto. Si hubiera ocurrido hoy día, el resto de la banda, habría tirado adelante sin vergüenza alguna, todo por la pasta.

Mientras estoy ojeando la prensa, entra Elena en la habitación. Lo hace mientras se enciende un cigarrillo. Cuando me ve de repente da un respingo. Me pide disculpas y enrojece de forma súbita. Me comenta que nunca hay nadie en este despacho y, ocasionalmente, se retira a él para fumar. Le digo que no se preocupe. Si me invita a uno, el secreto quedará entre nosotros. Me saca un cigarrillo y me lo ofrece. Le pido que, por favor, lo encienda ella, que la primera calada me causa unas breves náuseas, es mentira, pero me gusta pensar que unas diminutas trazas de su saliva entrarán en contacto con mis labios. Charlamos un rato, rápidamente se vuelve la situación más relajada. Me pregunta qué música estoy escuchando y yo, educadamente, le cuento un poco la historia del grupo y el suicidio de su cantante. Creo que se ha excitado levemente, porque mientras estoy contando lo del suicidio, se humedece sus labios rosas en dos ocasiones. Casi sin darme cuenta le digo que ella es casi la única luz que entra en todo el ministerio y ella se sonríe de forma traviesa. Ya es mía.

Apoyamos los cigarrillos en la mesa y comenzamos a besarnos apasionadamente. Lo primero que hago es descubrir y manosear esas grandes tetas que tanto me llamaron la atención desde el primer día. No defraudan en absoluto, ambas turgentes, poderosas y más grandes que mi mano. Les doy buena cuenta con mis dos manos, mis labios y mis dientes. Ella no para de manosear mi polla, por ello me la descubro para que pueda manosearla sin problemas. Me la chupa durante un par de minutos y mientras tanto no puedo parar de pellizcar esos terribles pezones. Cuando creo que estoy cerca de correrme la levanto rápidamente y le bajo las bragas con facilidad, ya que lleva puesto un vestido que me otorga fácil acceso. El hecho de estar todo el día sentada ha provocado dos cosas, la primera es que su culo sea de una talla mediana – grande y, la segunda, que no me haya dado cuenta. Pero lo prefiero así, ya que no es negra, por lo menos un buen culo donde apretar fuerte y propinar algún cachetazo. La subo a la mesa y la coloco de forma que su culo quede en completa oferta a mi polla, estilo perro. La penetro con ganas y durante poco tiempo me la follo salvajemente, mientras golpeo sin parar esas potentes nalgas, hasta dejarlas enrojecidas. A cada golpe le sigue un gemido de placer por su parte, eso hace que cada vez golpee más fuerte. Cuando estoy a punto de correrme, la agarro fuertemente del pelo, tirando de su cabeza hacia atrás y saco la polla echando todo el contenido sobre su espalda.

Ha sido genial, justo lo que necesitaba antes de la reunión de esta tarde. Nos despedimos fríamente una vez hemos terminado y ella se marcha de nuevo a su puesto, previo paso por el lavabo.

Cuando he terminado de ojear toda la prensa, antes de marcharme, me paso un rato por el despacho de los asesores. Mi supuesto sitio de trabajo. Allí me encuentro con todos charlando y valorando diferentes situaciones, comentando leyes agrarias y con una pantalla grande de proyección repleta de gráficos. Me embarga el aburrimiento al instante. Charlo con ellos, sin participar de nada profundamente.

Al cabo de unos cuarenta minutos fingiendo interés, les digo que tengo unos asuntos que atender del partido. Debido a mi anterior puesto, no hay ninguno que dude ni me tosa al respecto. Ellos, putos asesores de mierda, saben que yo he sido un pez gordo y, es posible, que lo vuelva a ser. Eso marca unas distancias que no querría eliminar.

Me meto en un bar a tomar algo y pido una cerveza y un pequeño bocadillo de atún. Cuando me meto al servicio a mear, me doy cuenta que no me he limpiado nada desde que follamos Elena y yo. Ello hace que salpique la taza por todos lados. Cuando acabo, me limpio con un poco con papel.

Le digo al chófer que puede marcharse a casa, no voy a necesitarlo más durante el resto del día y me apetece dar un paseo hacia el piso del partido. El obedece y se despide profesionalmente. Igual son imaginaciones mías, pero el conductor está algo más frío desde que me mandaron a agricultura, o igual soy yo que estoy de peor humor… es igual.

Una vez me quedo solo, me preocupo de coger un taxi y acudo a mi cita con Tito en el Pub Lola´s. Queda cerca de las instalaciones del partido Verde azulado y, creo, que ahí no encontraré a nadie que no quiero que me vea.

Llego con tiempo y me pido un café solo y un pacharán. Tomo mi café rápidamente y disfruto mi licor lentamente. En esto llegan Tito y Pepe Ostáriz. Pepe es un tipo de lo más simpático, político de la vieja escuela, un viejo zorro. En cierto sentido me recuerda bastante a mí mismo. Es muy cachondo, le gustan las mujeres, el alcohol y la pasta, como a mí, pero todo en su justa medida, como a mí. Nos saludamos educada y cálidamente. Ambas partes parecemos interesadas en la otra, pero no queremos mostrarlo a la primera.

Pepe se pide un gin-tonic y Tito un whisky con hielo. Estamos los tres sentados en una amplia mesa redonda en una de las zonas apartadas y reservadas del bar. Allí charlamos un poco de cosas sin importancia, algún chascarrillo de rivalidad política, bla bla bla. De sopetón, Pepe me pregunta qué ha pasado con mi puesto en el partido, ellos creían que yo era un peso pesado y que tarde o temprano ocuparía uno de los puestos de la secretaría. Ello me hace pensar que esa era quizás una de las razones de apartarme un poco del foco del partido, mandándome a la tercera división. Les cuento, las explicaciones que me dio el mismo José Luis, lo de los sindicatos de sanidad y la reunión con los banqueros. Ellos me dicen que no es razón suficiente, son meras excusas. Todos sabemos que cualquiera de los dos principales partidos, el mío, conservador progresista, Azul verdoso, y el de ellos, progresista conservador, Verde azulado, habrían sabido cubrir a cualquier miembro de su partido que quedara al descubierto, si era lo que se quería. Tratan de convencerme, yo me dejo convencer, que ha sido una estratagema para apartarme del camino al que parecía estar destinado. Me siento adulado y, creo que, están a punto de ofrecerme algo. Tito toma la iniciativa y me comenta que están dispuestos a hacer algunos cambios para ganar las próximas elecciones. Cañizares sigue siendo su propuesta de presidente, el tipo es bastante elegante, tiene la facilidad de palabra de los políticos y transmite frescura y juventud; justo los valores que quieren transmitir los Verde azulado. Aunque la cúpula del partido se encuentra en plena reinvención, por ello, en los próximos días, Tito va a dejar de ser el portavoz del partido y pasará a ocupar un cargo en la secretaría, junto a Pepe serán dos piezas claves en el devenir del Verde azulado. Felicito a Tito, ciertamente el ocupar los cargos de secretaría, son un seguro de vida, otorgan poder en la sombra y te dejan fuera del foco público que tanto puede llegar a desgastar. Un puesto en la secretaría general es un poco lo que yo sentía como coordinador interministerial, el orgasmo del poder y no sentir la presión del populacho. Él agradece mi reconocimiento y me invita a unirme a su partido. Me muestro algo contrariado, aunque los tres sabemos que eso era exactamente lo que tenían que hablar conmigo, sólo necesito saber las condiciones. Pepe me dice que en mi partido me han dado por el culo, en cambio en el partido progresista conservador, sería una pieza clave del partido. Han intentado renovar tanto el partido y mostrar un aspecto rejuvenecido y con ganas de impulso, que la primera línea mediática, es decir los candidatos a ocupar sitio en la cámara alta y futuros ministerios, son demasiado jóvenes, rondan todos la cuarentena y están algo verdes para el fuego real. Yo tengo ya la cincuentena rebasada además de llevar toda una carrera como político, bregado en mil batallas. Me ofrece Pepe ser el futuro portavoz de los Verde azulado. Me quedó realmente sorprendido, es un cargo muy notorio y de gran relevancia dentro del partido, ya que eres el que marca la línea de opinión del resto de miembros, aunque la opinión del portavoz viene marcada por la secretaría general. Aun así, es un puesto muy importante y una gran apuesta para hacerla con una persona ajena al partido, aunque tenga una dilatada experiencia política.

Les digo que estoy enormemente halagado, pero creo que no puede funcionar pasar de un partido al rival más inmediato y, encima, convertirme de buenas a primeras en portavoz. Tito ríe ruidosamente y me dice que más a nuestro favor, podrías aducir que ya te has dado cuenta de lo mal que han gobernado y no has podido soportarlo más, pidiendo ingreso en el partido contrario y siendo altavoz del descontento de la población con su fallida y corrupta gestión. Les digo que puede estar cogido con pinzas, pero en verdad pienso que puede funcionar.

"No es un sí", les digo, "pero cómo se haría la puesta en escena a la prensa para que no me identifiquen los votantes Verde azulado con el partido contrario". Eso no es problema según Pepe, tienen a la mitad de los medios a sueldo y el lavado de imagen que me podrían hacer sería infalible. De hecho, si llegáramos a un acuerdo, el lavado de imagen se haría antes de pasarme al otro partido, mejorando la imagen que tienen de mí en el partido progresista conservador. "No sabrían dónde cagar

si no les recordáramos continuamente dónde coño está el baño"
espeta Pepe a carcajadas, los tres acabamos riendo a carcajadas.
Es cierto que la manipulación del pueblo, gracias a los medios
de comunicación actuales, es cada vez más sencilla, sólo es
necesario repetir una información como un martillo pilón
durante X días y la opinión de la gente es tan maleable como un
jarrón de cerámica en el torno.

Me muestro muy agradecido por la propuesta, les digo
que me pondré en contacto con ellos los próximos días para
hacerles saber mi opinión.

Pago la cuenta de las bebidas y me marcho dando un
paseo hacia el piso del partido. Marcho pensando que es muy
buena propuesta e igual puedo mandar bien lejos a José Luis
muy pronto.

CAPÍTULO 12

Estoy esperando desde hace ya varios minutos a Teresa. Hemos quedado para almorzar, ya que es algo pronto para comer y tarde para desayunar. Seguramente no comeremos demasiado, pero un aperitivo no le viene mal a nadie. Nuestra cita es en una pequeña taberna de pescado y marisco, de muy elevado precio, que está cercana a mi nuevo centro de trabajo. Le he pedido que haga el favor de desplazarse ella hasta aquí, ya que por la tarde tengo varios asuntos que despachar en el ministerio. Es mentira, pero supone mi coartada perfecta para no tener que estar más tiempo del estrictamente necesario.

Entro en el bar y pido un vino blanco, siempre adecuado para acompañar los productos del mar. Está bien fresquito y su sabor ácido me proporciona un agradable respingo en el paladar. Conforme doy mi primer trago, observo como entra mi esposa. La verdad es que la veo bastante atractiva para la edad que tiene, cincuenta y algo; no me preguntéis más. Viste un vestido rojo ajustado que le sienta fenomenal, pero ella y yo sabemos que cuando se retire el vestido y esas medias, sus carnes realizarán un ligero desparrame. No nos engañemos, está bastante bien, pero no tiene veinte años. Nos damos un beso protocolario y mi sonrisa de rigor. El rictus de ella es más bien serio. Lo primero que hago es preguntar por cómo se encuentra, regalándole un par de cumplidos a ella y a su vestido. Después no tardo en disculparme por mi enfado telefónico del otro día. "Tú me estabas contando algo importante de Rocco y yo me encuentro tan presionado, que salió la furia sola", le cuento.

Pedimos una ración de gamba roja, que nos recomienda el camarero, y una ración de berberechos con jamón, no lo había probado nunca y me llama la atención. Me pregunta por mi nuevo puesto de agricultura, le digo que estoy intentando todavía centrarme, puesto que es un tema totalmente nuevo para mí. Además, ella sabe que del tema agrario pues tengo más bien poca idea. Le confieso que me encuentro algo deprimido y contrariado por mi cambio de puesto, justo cuando parecía que iban a confiar más en mí. Ella intenta mostrar comprensión con mi desencanto. Le cuento cuatro detalles vagos de mis nuevas funciones como asesor, aunque ella ya las conoce, es un puesto que he desempeñado hace años, aunque en otras instituciones.

Aprovecho para decirle que el partido Verde azulado ha estado coqueteando conmigo. "¿Qué quieres decir con coqueteando?", pregunta intrigada. Le resumo la propuesta para portavoz que me han hecho. Ella se toma unos segundos para valorar la situación. Antes de darme su opinión, me pregunta cuál es la mía al respecto. Le digo que en un primer momento apenas la había tomado en consideración, llevo toda la vida en mi partido, desde la época de las juventudes, y quizás todo el trabajo de lavado de imagen y hacer olvidar a los votantes mi cambio de chaqueta me habían echado un poco atrás. Pero desde hace un par de días lo estoy reconsiderando. Le confieso que mi cambio de puesto y de departamento, me ha sentado terriblemente mal, embargándome una frustración que, creo, no merezco. Sin contar que, las razones que me dieron, no entro en detalles de cuáles fueron, no me han resultado demasiado creíbles. Lo que quieren es quitarme del medio por alguna razón. Igual va siendo la hora de asumir un poco más de responsabilidades, acaparar mayor atención mediática y ganarme un status profesional a la vista de todo el mundo. En caso de tener que prescindir de mí o hacerme otra jugarreta similar, no les resultaría tan fácil. Mi puesto como coordinador interministerial, siempre me sedujo por ser un puesto en la sombra y, en estos momentos, pagaba esa discreción.

Ella asegura que entiende mis frustraciones, mi enfado y mis ganas de reivindicarme. Me pregunta de nuevo si yo creo que, aun cambiando de puesto, creo que será algo duradero y podré seguir mi carrera en el nuevo partido, independientemente del resultado de las elecciones. Le aseguro que así sería. El puesto de portavoz principal de un grupo político, es una labor que suele ser reservada para gente de confianza en el partido y tienen muchas papeletas de acabar marcando directrices en el mismo. Le indico que el actual portavoz, Tito, al cual conoce por la prensa, es un político reconocido y va a engrosar la secretaría general del partido. Por todo ello en el caso de querer cambiar, aunque no lo tengo decidido, me da tranquilidad al respecto. Le confieso que desconozco de quién soy realmente la apuesta, si de Tito, a quien conozco hace años y tenemos una relación cordial y cálida, a pesar de nuestros frecuentes encontronazos en los atriles, sabemos que son pura parafernalia mediática. O quizás he sido una elección de Pepe, uno de los pesos pesados del partido y curtido en mil batallas, con un olfato excepcional para las oportunidades y los golpes de efecto; ésta última versión es la que más cuadra en mis pensamientos por dos razones. La primera razón es por el varazo que le pegué a Tito con respecto a su padre en la cámara alta, aunque ambos hemos evitado hacer alusión al respecto, diplomáticamente. La segunda razón es que las próximas elecciones el partido progresista conservador va a necesitar más herramientas para tener opciones porque, según las encuestas, lo van a tener muy difícil. Yo puedo proporcionar más fuerza con argumentos en contra del que sería mi antiguo partido y airear trapos sucios para desgastar al actual gobierno justo en plena campaña.

Teresa ha escuchado atentamente todo mi discurso. Mientras se ha comido casi todas las gambas. Yo comienzo a atacar los berberechos y me resulta una mezcla algo forzada al principio, pero conforme más como, más me gusta. Berberechos con jamón, quién lo iba a decir. Ella me dice que no tengo que pensarlo más, debo cambiarme. Me sorprende lo firme que ha resultado su afirmación. Normalmente suele realizar discursos vagos, carentes de cualquier tipo de compromiso por leve que sea. Dice que ahora mismo mi carrera presenta una disyuntiva que resolver y decidir qué camino seguir: el camino del futuro y un puesto de peso e importancia en una nueva aventura, con las dificultades que ello conlleva, o llenarme de telarañas e ir pasando cada año a un puesto cada vez menos relevante hasta que les salga prácticamente más molesto echarme a la calle que permitirme seguir donde esté. Joder, pienso, que mal me lo ha pintado. También pienso que lo ha visto claro como el azul radiante de una mañana de verano.

Dejamos un poco de lado mi situación profesional y le pregunto por el idiota de nuestro hijo. Reconozco que sólo hablar de él me genera una sensación de hartazgo similar a la acidez de estómago. Igual me está causando una úlcera estomacal. Aunque no lo creo, porque el pobre apenas me preocupa o inquieta. Ella me dice que está muy preocupada por él. No muestra interés por nada que no sea estar con el ordenador o los videojuegos. Le digo que creo que es lo normal en su generación. Aunque haya suspendido cuatro asignaturas, como es el caso, no debe estar preocupada, le digo, el solo hecho de estar asistiendo a ese colegio, le va a proporcionar unos amigos del más alto nivel que cuando sea mayor dará sus frutos; por inútil que sea. Ella confiesa que el otro día lo estuvo espiando mientras él se masturbaba viendo una escena porno de unas tías cagando en una copa. Joder, sí que está degenerado con lo joven que es. Reprendo a mi esposa, defiendo la intimidad del adolescente y que seguro estará pasando por una fase extraña. Sin embargo, ahora me da más reparo si cabe hablar de él.

Charlamos después de cosas menos graves mientras fumamos un cigarrillo y tomamos otro vino. Le confieso que los echo mucho de menos y que si me hago portavoz, quizás tenga menos tiempo para ellos, lo cual me duele porque ya no dispongo de mucho. Ella me defiende y hace un alegato de entrega valorando mi solidaridad con la población, anteponiendo los intereses de los ciudadanos a su propia familia. No sé si está siendo sarcástica o sincera. Yo aun así muestro un agradecimiento sentido y refuerzo mi sentimiento de entrega a mi labor para con la gente.

Pago la cuenta y nos despedimos con un abrazo en la puerta del bar. Me disculpo por no poder acompañarla, pero "ya sabes, gajes del oficio". Ella se muestra comprensiva. Seguramente tenga tantas ganas de perderme de vista como yo a ella. La sigo con la mirada hasta que se sube a un taxi.

Vuelvo a entrar en la taberna y me pido un pacharán. Cojo mi teléfono móvil y llamo a la sede del partido Verde azulado. Pregunto por Tito o Pepe, cualquiera de los dos. La señorita que me atiende me dice que ambos se encuentran en sus despachos, con cuál prefiero hablar, indico que, por favor, me pasen con Pepe. Rápidamente contesta y me saluda efusivamente. Me suelta una broma sobre como esperaba mi llamada como una puta a un camionero en un día de lluvia. Los dos reímos a carcajadas. La verdad es que el tío es un cachondo. Le transmito, antes que nada, mi agradecimiento por su oferta, pero también mi preocupación por el proyecto. No sé si al final no resulta vencedor en las elecciones el partido progresista conservador, si me mandarán a algún estamento sin relevancia. No me gustaría pasar de un sitio donde he estado toda mi carrera política, aunque actualmente no esté en el puesto deseado, a otro donde apenas cuento con apoyos ni recorrido para ocupar una esquina oscura cubierto de telarañas. Pepe se queda muy serio por un momento. "No me jodas, ¿estás hablando en serio? Antes que nada, quiero decirte que tú, Artur, eres mi apuesta para hacernos de nuevo con el gobierno. Vas a proporcionar un cuajo y agresividad ante todo el espectro mediático de nuestro partido que actualmente no tenemos. Tengo grandes planes para ti a nuestro lado. De momento ganemos las elecciones. Lúcete como portavoz y después vas a estar conmigo. Desde el puto mismo momento que me digas sí quiero, vas a ser mi mano derecha. Tú y yo, Artur, nos vamos a entender. Somos esa política que está al margen de las redes sociales, del politiqueo efectista basado en un titular sin contenido. Estamos hechos para decirles a nuestros maniquís qué tienen que decir, qué tienen que opinar y cómo han de afrontar las crisis. Sé de forma minuciosa cuál ha sido tu labor como coordinador interministerial. Tu trabajo en lo de sanidad, lo de los bancos y otras precedentes. Estamos hechos de la misma pasta, no necesitamos el foco, pero sí amamos el poder. Y, joder Artur, se nos da de puta madre marcar el paso".

"Vamos a por ello Pepe".

CAPÍTULO 13

Al entrar en el ministerio de agricultura siento un leve divertimento al ver a Elena luciendo una blusa con un generoso escote. Creo que quiere que repitamos el encuentro de hace algunos días, pero siempre he perdido por completo el interés por las mujeres que ya me he follado. Ella no ha sido una excepción, ha sido un entretenimiento en un mal día. Igual ella se habrá hecho alguna cábala al respecto, crecer en el partido, ser mi amante frecuente o yo que sé. Nada más lejos. Estoy para promocionar a alguien en el partido. Pero el mostrarme amable y regalarle una sonrisa realmente cuesta muy poco.

Hoy no acudo a la sala de reuniones para evitar encontrarme con ella. Voy al despacho de los asesores. Discuten sobre aspectos relacionados con la reunión que tenemos esta misma tarde con los intermediarios. Sin embargo, cuando advierten mi presencia todo se convierte en silencio por unos instantes. Rápidamente reinician sus conversaciones. Intento empaparme de algo del tema mientras ojeo la prensa.

Le doy una leída rápida al diario afín a los intereses del partido, Arriba país. No es que sea un medio de comunicación a sueldo, en términos monetarios. Nada tan chapucero de dar sobres o bolsas con dinero. Todo se trata de influencias en las altas esferas. Ellos nos lavan la imagen, las cifras o las declaraciones, nos dan una cera limitada, para mostrarse a sus lectores como imparciales, a cambio de favores, filtraciones de exclusivas u otros beneficios. En el partido Verde azulado es la misma mierda con distinto olor. Pero ya hemos comprobado que tanto los votantes de los partidos, como los lectores de los diarios son afines a lo que su partido o periódico comunica, no quieren leer o escuchar puntos de vista diferente al suyo. Los ciudadanos tienen unos ideales tan pobres y una capacidad de razonamiento tan limitada, que las ideas contrarias les generan desasosiego. Es mejor reafirmarse en sus opiniones de mierda, aunque en la mayoría de las ocasiones, ni siquiera tienen la suficiente inteligencia para generar una idea independiente, necesitan que se las mostremos los partidos, los diarios o las televisiones como si fueran imbéciles y ellos sólo las repiten como malditos loros. En Arriba país, no encuentro nada interesante, sólo hacen algún artículo de lo bien que marcha la economía del país, como está mejorando la seguridad ciudadana, pero no lo suficiente, como el partido Verde azulado dificulta sin parar las buenas ideas que tenemos como gobierno, sólo con la intención de arañar votos de cara a las próximas elecciones, bla bla bla.

Una vez acabado Arriba país, agarro el periódico que defiende los intereses del partido progresista conservador, País arriba. En este diario se dedican a atacar al gobierno con la intención de generar opiniones contrarias entre la ciudadanía. En él encontramos artículos sobre la crisis que se avecina en los próximos meses, la pronostican para que comience en los próximos ocho meses, indicando sus expertos que las peores medidas para reducir el impacto de dicha crisis serán todas las que propone el actual gobierno, siendo de mejores perspectivas las de la oposición. También hacen hincapié en el aumento de aldeas de chabolas, llenas de pobreza y marginación, o de viviendas okupadas, señalando que la seguridad que nos asegura el gobierno es fícticia, cuando no falsa. Conforme avanzo en las páginas de política nacional, me encuentro una foto mía hablando en la cámara alta. No es frecuente que salga en la prensa, mucho menos con una foto grande y un artículo dedicado por completo a mi persona u obra. El titular es: "Remando contra corriente". Indica que soy de los pocos políticos que tienen una preocupación en el país y la ciudadanía antes que en el partido, cómo antepongo los intereses del pueblo incluso a los míos personales. Ciertamente Pepe ha puesto en marcha la maquinaria para hacer el cambio. Ahora entiendo el silencio que provoqué a mi llegada. Avanzo en el artículo y señalan varios logros que he conseguido para la ciudadanía en materia de pensiones o de educación, todos éxitos sordos hasta ahora y, realmente, falsos, pero que tienen muy buena opinión para la gente.

La lectura de la prensa me pone ligeramente de buen humor. Creo que lo mejor para mí sería no estropearlo yendo a una mierda de reunión de agricultura esta tarde. Llamo a Jesús, el ministro, por teléfono. No consigo contactar con él. Era para informarle que no acudiré a la reunión, puesto que tengo asuntos de partido. Seguramente, no lo comprobará. Quizás ni se enterará. Me disculpo ante mis compañeros asesores por no poder acompañarlos a tan importante reunión, pero el partido me ha emplazado esta tarde en la sede.

En lugar de eso llamo a José Antonio, de asuntos sociales, y Jorge, de industria, para ver si quiere alguno comer. Creo que son los únicos con los que he seguido manteniendo cierta relación después de mi cambio de puesto. Jorge no puede, tiene una reunión con la universidad de no sé qué, para diseñar un programa de formación integral de profesionales de alguna ingeniería. José Antonio sí accede, me dice que se va a tomar la tarde libre.

Quedamos en un sitio de brasa en la periferia, el Me arde. Es un sitio muy discreto, pero de una calidad extraordinaria. Se dedican a hacer todo a la brasa, de hecho, no tienen hornos o fuego de gas, sólo tienen toneladas de carbón, leña y gran cantidad de sitios para su utilización. Al llegar pedimos una botella de vino tinto, unos entrantes de pulpo y diferentes embutidos a la brasa, por supuesto, y ternasco de primera calidad; todo en gran cantidad. Mientras vamos charlando del devenir de su ministerio, se muestra algo hastiado porque tienen unas listas de espera muy abultadas, esperando recibir la valoración de ayudas y la prensa le está atizando. Me pregunta si he leído el artículo que hacían de mí esta mañana. Le respondo afirmativamente, mientras estaba en el ministerio lo he visto. Me pregunta que de qué va eso. Le miento, digo que no tengo la menor idea. Pero si lo han puesto, será verdad. La verdad es que se agradece algo de atención, ahora que estoy en mi peor momento en el partido. Él me dice que no me ponga nervioso, seguramente la secretaría cree que les he tocado los cojones con algo y quieren darme una lección, demostrarme quién manda. Yo le digo que ya sé quién coño manda, llevo en esto toda la vida y podrían haber utilizado otras formas que degradarme de tal forma. Seguimos charlando de las respectivas familias, él está tan harto de la suya como yo de la mía. Nos suponen un esfuerzo y un obstáculo a nuestro auténtico objetivo, nuestra carrera política y el poder. Somos yonkis del poder.

Acabamos de comer y nos marchamos con dos vasos y una botella de whisky a la terraza del local. Yo pido a la atractiva camarera dos puros, sé que José Antonio ha dejado de fumar, pero le encanta echar humo. Encendemos los cigarros y nos servimos whisky. Está muy fuerte y de un sabor estupendo. Mientras conversamos de algunos entresijos de la política, él me asegura que se encuentra muy saturado. No sabe si va a repetir en la cartera de servicios sociales, aunque nadie ha pedido su dimisión de forma muy insistente, le aburre soberanamente tener que visitar centros de ancianos o de discapacitados, le están chupando la vida. Hay muchas ocasiones que va de buen humor al ministerio y cuando acaba el día sólo es capaz de pensar en la muerte o en cómo sería ser minusválido. "Si fuera ministro de exteriores no me pasaría, joder" afirma él, "estaría todo el puto día viajando, conociendo mundo entre recepciones y sin tener ni un incendio ni medio". Es cierto que exteriores es un ministerio de lo más tranquilo, al menos actualmente. Estamos en una época de paz y buen entendimiento, siendo más fácil decir poco o nada, sin comprometer la imagen del país. Por eso esa cartera le cayó al pelota de Mariano, joder que asco de tío. Pasamos un buen rato criticándolo, la verdad es que sólo es bien visto por la secretaría, puesto que no se casa con nadie y tampoco le cuesta vender por lo más mínimo.

Después de darle buena cuenta al whisky, cogemos los coches oficiales y nos vamos a la casa de putas de confianza.

Al día siguiente me despierto en un estado más que aceptable, para todo lo que bebimos ayer. Aun así, no estoy en plena forma. Me doy una ducha de agua fría, que me espabila lo justo. Me preparo un poco de cocaína medicinal, para conseguir centrar mis escasas ideas. Funciona, a los pocos minutos me encuentro mucho más despejado y rebosante de energía.

Me bajo y entro al bar a tomarme un café con leche y sin azúcar. No me acuerdo si al final cenamos algo anoche. Imagino que no, porque tengo un hambre enorme. Le pido al camarero un zumo de naranja natural y un croissant a la plancha con jamón de york y queso. Me siento en una mesa para poder despachar mi desayuno con tranquilidad. Agarro los dos periódicos principales, Arriba país y País arriba. Mi sorpresa es grande, puesto que en el diario afín a los Verrde azulado, no me han dedicado un artículo en primicia, pero sí mencionan mi nombre en un artículo en el que atizan a José Antonio y sus listas de espera en servicios sociales, tiene gracia que justo ayer lo comentáramos. En dicho comentario me señalan como un férreo defensor de los más necesitados, convirtiéndome en un incomprendido dentro de mi partido. Por otro lado, también salgo en las páginas de agricultura, como un azote de los intermediarios, siendo el último estandarte de la lucha de los agricultores. Es de locos, me salté la reunión para irme de putas con José Antonio.

Cambio a Arriba país. Algo no funciona bien. Creo que alguien se ha ido de la boca o en mi actual partido se están oliendo la tostada. Al contrario que en País arriba, aquí encuentro una breve reseña sobre cómo me relegaron de mi anterior puesto por creerme un todo poderoso y estar contra los intereses del partido. En el fondo, han sido bastante torpes, puesto que eso me beneficia enormemente de cara a mis futuros votantes.

Fulmino mi desayuno cada vez con un mejor humor. Cuando me encamino al coche oficial, recibo una llamada de una de las secretarias del partido. Creo que es Montse. Me dice que acuda dentro de dos horas a la sede del partido, puesto que tengo una reunión. No me especifican con quién, pero ya lo sé. No es que me inquiete, pero no tengo el coco para estar en mi mejor versión.

Decido subir al coche y me marcho directamente a la sede del partido. No me molesto en avisar a Jesús. Qué más da.

Cuando entro en la sede, me recibe la recepcionista, que no sé quién es y no sé si es ella la que me habrá llamado. Le aviso que he llegado cerca de una hora antes a la cita que me emplazaba el partido, que esperaré en el bar tomando algo tranquilamente. Entro a la cafetería y me pido un zumo de naranja más, es lo que mejor me ha sentado en lo que va de día, junto con las noticias. A pesar que seguro que los de la secretaría saben que he llegado hace rato, me hacen esperar durante casi una hora y media en la cafetería, antes de avisarme al teléfono del bar que puedo subir a la sala de reuniones número cuatro.

Entro en la sala y me encuentro con una habitación a media luz, con tres personas enfrente mío, recibiéndome de forma fría. Son miembros importantes de la secretaría, Andrés, el que tenía ese lío de faldas con la secretaria del servicio secreto. El número dos es Domingo, un gordo que tiene un serio problema con la higiene personal, del que nunca he tenido una gran opinión. Domingo es de esos, que parece muy bonachón, pero encierra las creencias de un auténtico tirano hijo de puta, siendo lo más psicópata dentro del partido. Hace un gran tándem con el tercer miembro, José Luis. Son varios los desencuentros que todos y cada uno de los miembros del partido hemos tenido con José Luis. Él es la cara visible de la secretaría y le encanta. Todos tenemos la opinión que el destino del partido lo marcan Domingo y él. Andrés es sólo un títere en sus manos. Pero eso los convierte en el núcleo fuerte y dominante dentro de la totalidad de la secretaría.

Comienza a hablar Andrés, mostrando, siempre en nombre del partido, una honda preocupación por cierta información que manejan entre manos. Muestro mi mejor cara de póker mientras permanezco en silencio. El pobre Andrés no está hecho para esto, no sé cómo ha llegado tan alto, con mi no respuesta se ha quedado ya dudoso y todos lo notamos. Por eso toma rápidamente la iniciativa Domingo quien, mostrando su aparente afabilidad, me dice que el partido cree que estoy preparando algo en su contra. Pregunto asombrado cómo se puede pensar eso, después de toda mi vida en el partido he sabido encajar en todos los puestos que se me han encomendado. Hasta en agricultura. Cuando pronuncio la palabra agricultura, lo hago mirando a José Luis, que levanta la mirada sorprendido, aunque sin querer mostrarlo. Siempre se ha agradecido mi disposición al partido, continúa Domingo, pero están cercanas las elecciones y cualquier distracción o disensión, puede costarnos muy caro. Intento tranquilizarles, aunque tendré que hablar con Pepe para que el cambio podamos realizarlo lo antes posible o me quemarán vivo. En ese preciso momento entra una señorita, bastante fea, por cierto, con una mesilla y bebidas varias. Enardecido por el desarrollo de la conversación y de la mañana y con ganas de salir rápido para tomar algo más de cocaína, me pido una cerveza bien fría, a pesar que no son ni las once de la mañana.

Cuando la camarera abandona la habitación, es José Luis quien se lanza al ataque. Él me dice abiertamente si tengo algún plan oculto que ellos deberían saber. Siempre hemos sabido todos quién era el matón del partido y a él le gusta demostrarlo a la mínima ocasión. Le digo que no sé cómo pueden pensar eso. Si lo piensa por que haya sido degradado injustamente por un lío de faldas de algún pez gordo del que todavía no conozco exactamente la identidad, miento para ver qué hace Andrés, que abre los ojos como un pez en la lonja. Si cree que puedo urdir venganza alguna tras haber sido apartado de una carrera intachable como defensor del conservadurismo progresista, habiéndome partido la cara junto con todos los ministros porque a lo mejor ha llegado un momento en el que molestaba, se me dice que me aparte y yo me aparto. Creo que los tres han tomado nota que no me pueden dar por el culo y encima que ponga yo la vaselina. José Luis me miente y me dice que no he sido relegado, he sido cambiado durante una determinada época por unas determinadas circunstancias que no me pueden relatar, pero debería confiar en el partido. Aseguro que más no puedo confiar, siempre he estado a sus expensas y así continúa. Tampoco declaro amor eterno, no por ocultar mejor o peor, sino porque no me sale de los cojones.

Después de un par de tiras y aflojas de menor envergadura, nos despedimos medio amistosamente, mostrando la apariencia que está todo resuelto. Ellos creen el asunto zanjado al haberme llamado a capítulo, que me habrán acojonado lo suficiente para no llevar a cabo ningún plan contra el partido. Al contrario, salgo de la reunión con un subidón de alegría. Me retiro a continuación a un lavabo y me preparo un poco de coca, ya me estaba apeteciendo.

Cuando salgo de la sede, llamo rápidamente a Pepe para informarle de lo sucedido y que hay que poner la maquinaria a toda velocidad o los azules verdosos dinamitaran la sorpresa. Queda conforme y me emplaza a reunirme con él dentro de dos días en su despacho de la sede de mi nuevo partido, el progresista conservador, el Verde azulado.

Pronto va a ser oficial.

CAPÍTULO 14

Estoy intentando pasar completamente desapercibido en el ministerio. No puedo quedarme en casa, llamaría mucho la atención. No sé si la reunión del otro día con la secretaría calmaría un poco las aguas. Tengo alguna duda al respecto, puesto que en los medios afines a mi actual partido siguen tirándome un poco de mierda; mientras en sentido contrario, los medios afines a los progresistas conservadores, están ponderando mis capacidades de comunicador y de rebelde solidario dentro del partido Azul verdoso.

De hecho, está siendo una mañana bastante aburrida. El resto de asesores me comentan que la reunión con los intermediarios ha sido como ellos esperaban. Han intentado explicar las preocupaciones del sector productivo, arrancando un compromiso no escrito, o sea la más absoluta nada, de no exprimir hasta la asfixia a todos y cada uno de sus proveedores de frescos. Para ese resultado llevan varios días preparando esa reunión, ahora veo un claro ejemplo de lo que es estar verde en política. Eso con un breve resumen en el coche de camino, podría haber arrancado tamaño acuerdo yo mismo, dejando además una imagen mucho menos pringada del gobierno. Seguro que esos intermediarios saldrían de la reunión a carcajadas de lo poco que cuesta torear hoy día a la clase política. Que se jodan, este partido ya no es mi problema.

Después de tomar varios cafés con ellos intercambiando impresiones y, más que nada, pasando la mañana, me voy a comer algo rápido a un sitio que está algo lejos. Así evito la circunstancia de cruzarme con nadie. Entro a la tasca El zapatero, donde sirven la mejor casquería refinada de toda la ciudad. Donde pido un guiso de legumbre con tripas de cordero y un estofado de morro de vaca. De postre me pido un pacharán.

Una vez he terminado le digo al chófer que puede retirarse, me iré por mis medios al piso. Se lo podía haber dicho antes de terminar la comida y no hubiera tenido que esperar esa hora de más.

Una vez me he quedado solo, encuentro un taxi y me dirijo a la sede del partido Verde azulado. No es la primera vez que entro en sus instalaciones, pero he de reconocer que lo experimento con otras sensaciones. Hablo con la recepcionista de la entrada para que comunique a Pepe mi llegada. Ella se muestra muy afable, me saluda por mi nombre y me sonríe, me dice que me estaban esperando. Lo cierto es que es bastante guapa de cara, pero no es para nada mi tipo. Una chica muy atractiva para llevar del brazo, con una figura muy estilizada y apenas pecho que resalte esas líneas casi paralelas, con un rostro igual, carente de fallos, pero con poca personalidad. A mí me excitan las curvas, donde sean, y si esas curvas son negras, no respondo de mí. Pregunto su nombre y me dice que se llama Sandra María, aunque todo el mundo la llama Sandra. Presentados quedamos.

Veo pasar sin cesar multitud de futuros compañeros que me son conocidos por sus intervenciones en la cámara alta, por la prensa o, simplemente, por los corrillos varios en que nos juntamos a la salida de los plenos.

Baja toda la secretaría a recibirme, Pepe a la cabeza. Me alegra que haya sido él mismo el que apostara por mi candidatura, sabía que tenía un puesto importante en este partido, pero cada vez me va quedando más claro que debe ser de los de más alto nivel. Le acompañan Tito, el que va a ser próximo miembro de la secretaría general y ex portavoz. Además, vienen también Luis Carlos Vallejo, antiguo ministro de economía de hace un par de legislaturas. En aquella época manteníamos cierta relación, a pesar de ser miembros de partidos contrarios, en los eventos o en los antes mencionados corrillos. Me parece que tenía un humor extraordinario y siempre mostraba muchas ganas de cachondeo. Por descontado que, su trabajo siempre habló de él de forma muy positiva. Se ve que, al perder las elecciones, el partido progresista conservador sufrió una remodelación potente y le llevo a la cúpula; algo parecido a lo que están haciendo ahora. También viene como miembro de la secretaría Noelia Sancho, una mujer de alta estatura, con curvas muy pronunciadas, sin ser atractiva, más bien da miedo. También nos conocemos de antes, sé que tiene muy mala hostia y un carácter algo complicado. De hecho, Tito y yo hemos estado alguna vez hablando de ella y siempre acabábamos con alguna broma soez, al menos antes no era santo de su devoción, ahora que son compañeros de secretaría igual ha mejorado el asunto. Por último, me presentan al elemento más antiguo de la secretaría, el octogenario Adolfo Yesa, un auténtico histórico dentro de la política nacional. Ha sido ministro de varias carteras en diferentes legislaturas y candidato a presidente en una ocasión que, evidentemente, perdió. Tiene muchas manchas en la cara, también tiene la piel como descamada y me da la impresión de tener una higiene mejorable.

Saludo afectuosamente a todos y cada uno, me alegra ver que somos viejos conocidos. Seguro que conforme vayan pasando los días, iré conociendo a más elementos, pero como primera toma de contacto está bastante bien. Nos retiramos a una sala de reuniones los seis y a los pocos minutos entra Cañizares, el candidato a presidente de mi nuevo partido. También me saluda de forma cálida y me dice: "¿o sea que tú eres el futuro portavoz, eh? Estamos en buenas manos". Agradezco el cumplido y le digo que tiene razón. Nos sentamos todos y llevamos una conversación distendida. Adolfo me cuenta un poco porqué el motivo de mi incorporación, que fue algo que ya me explicó Pepe en su día. Imagino que quieren seguir teniendo a Adolfo como imagen de partido y le tienen para estas mierdas de funciones, aunque todavía no sé si su capacidad de decisión o influencia será mucha o poca. Sí les pregunto por qué han decidido renovar el partido justo antes de la campaña, normalmente esos cambios se realizan después de haber perdido las elecciones, no antes de comenzar la campaña. Luis Carlos toma la palabra y me da la razón, pero como todos los presentes sabemos, la legislatura de los Azul verdoso ha sido relativamente tranquila y a buen nivel de economía y bienestar. Ni mucha corrupción ni muchos escándalos. Debido a estas razones, las posibilidades que tenían de ganar las elecciones, son limitadas si no se realizaba un golpe de efecto. Además de las limitaciones financieras que yo me encargué de provocar, como uno de mis últimos trabajos como coordinador. Por ello, han decidido apostar por un perfil de gente joven, que demuestre muchas ganas, que hablen de un país dentro de quince o veinte años, no de los datos de ahora. Me hablan de inversiones estructurales, objetivos estratégicos como nación, bla bla bla. Pero en todo eso, como dijo Pepe, falta algo que ancle los partidos del mañana a hoy, que consigan vernos como un partido de futuro y de un presente también ganador y, para ello, que mejor que un tránsfuga desencantado con el futuro inmediato del actual gobierno, repleto de escándalos por popularizar. Sabía que tirarían de mi manta para conseguir sacar mierda a relucir. No hay problema, a esto jugamos todos. Les pregunto que cómo vamos a realizar el cambio, informo que hace nada estuve hablando con la secretaría de mi partido y no les dije nada. Todo lo contrario. En esto Pepe se muestra algo sorprendido, espeta un: "esta tarde Artur, en menos de una hora tenemos rueda de prensa para comunicarlo". Coño, eso no me lo esperaba. "¿Para qué vas a venir a nuestra sede si no, macho?". Estoy algo en shock, me gustaría haberlo hecho de otra manera, al fin y al cabo, llevaba en ese partido toda la vida. Bueno, que les jodan. Si se enteran por la prensa es una doble bofetada que se llevan los de la secretaría.

Pregunto cómo habían pensado realizar un poco el paripé. Me dicen que saldrá Adolfo a hablar un rato, halagando las virtudes progresistas conservadoras del partido, como una alternativa real de gobierno no sólo futuro si no también inmediato. Después...

Comienza el evento como teníamos hablado. Adolfo toma la palabra. Comenta que en el partido están obsesionados con el futuro del país, intentando implementar una política que nos lleve a la cabeza mundial en diez años, manteniéndonos ahí durante siglos. ¡TOMA YA! Eso es una promesa política en toda regla. "Sin embargo" continúa Adolfo, "hay ocasiones en que la situación del partido obliga a fichar algún jugador para seguir optando a todos los títulos, si me permiten el símil deportivo. Tenemos un equipo joven, que van a ser considerados los artífices de hacer de nuestro país una potencia mundial. Pero eso no debe ser óbice de saber cómo hacer política de hoy día. Por ello queremos saber que tenemos un equipo ganador y nada mejor que tener en la primera línea de fuego a alguien bregado en mil batallas, bien como gobernador o como opositor. Hablamos de una persona que ha demostrado una sensibilidad especial con los sectores más desfavorecidos de la población. Peleando contra el estatismo de un gobierno conservador progresista y su política de inmovilismo. Mientras nosotros somos lo que un país necesita si quiere crecer, si se preocupa por sus ciudadanos más necesitados y creemos que ahí es donde han confluido sus inquietudes y nuestros deseos, siendo ambos, necesidades para la población de cara a las próximas elecciones". Mientras dice lo de las próximas elecciones, no puedo evitar pensar fugazmente en la fiesta de precampaña, lo de la lapidación fue la leche. "Miembros de la prensa, queridos ciudadanos, tengo el placer, como miembro más antiguo de nuestro partido, de presentarles a nuestro nuevo portavoz en la cámara alta, Artur Venganza". Soy recibido entre aplausos y múltiples cuchicheos. Creo que ha pillado por sorpresa a varios periodistas. Algunos ya lo debían saber, seguro.

Me coloco al lado justo de Adolfo, le doy un protocolario abrazo. Él se retira y me quedo saludando durante un tiempo, el necesario para que todos tomen imágenes para sus diarios o noticiarios. Me encaramo al micrófono: "muchas gracias Adolfo. Antes que nada, quiero agradecer a mi antiguo partido, la comprensión con mi decisión y el cariño que me han ofrecido durante todos estos años. Creo que hemos entendido ambas partes, que nuestras ideologías o valores cada vez estaban más distantes. Yo quiero un país mejor, un país más fuerte. Quiero un país que ayude y no sea ayudado. Quiero un país que sea capaz de regalar y no de pedir limosna. Quiero un país que sea tenido en cuenta en las decisiones internacionales y no considerado un miembro a evitar. Quiero un país que sea capaz de valerse por sí mismo, siendo el dueño de su destino y no presa de los caprichosos mercados económicos. Ese país lo veo en el partido progresista conservador. Quiero un país que se preocupe por cada ciudadano y no sólo de los más poderosos, de los que se puede sacar provecho. Ese país es de color Verde azulado. Sé que durante años he sido miembro del partido Azul verdoso, pero no puedo pertenecer a un partido que se dedica a ningunear al pueblo, sin atender a sus necesidades reales, sin preocuparse por su futuro. Todos pensamos en el futuro de nuestros hijos pequeños, en vista a su edad adulta, eso siento yo con este país. Quiero un futuro prometedor y no solamente sobrevivir. Cuando uno se harta de remar contracorriente, de ser el único que piensa en los demás, anteponiendo los intereses de la ciudadanía a los míos propios, es el momento de realizar una apuesta y yo apuesto por este partido que va a ser el futuro gobierno. De la mano de Cañizares, vamos a vivir una legislatura histórica. Podremos decir que todos y cada uno de los que componemos este partido, remamos a favor del país, y yo me siento orgulloso de formar parte de él".

Recibo unos aplausos y damos paso al turno de preguntas. El jefe de prensa, un tal Diego Ferrán, que tiene una pinta de paleto que asusta, indica que sólo dos o tres preguntas.

Muy inteligentemente, deja la primera para una de las radios afines al partido: "¿Por qué ha efectuado Ud. el cambio justo antes de unas elecciones tan importantes, pudiendo haberse quedado en partido que parte con más opciones, según las encuestas?" me pregunta un cincuentón calvo y con gafas. "Gracias por la pregunta" contesto yo, "lo cierto es que a veces los cambios suceden de forma natural sin siquiera planearlo. Es necesario un evento concreto para darte cuenta de cuál debe ser el camino correcto a seguir. En mi caso, hace tiempo que no comulgaba con varias decisiones del gobierno. Decisiones amparadas en intereses propios para perpetuarse en el poder. El objetivo principal que debe regir toda política es servir al pueblo y el gobierno está cada vez más alejado de ello, pensando simplemente en él. Se me presentó la oportunidad de decir basta, yo quiero a mi país y quiero lo mejor para él y, realmente, fue fácil que nos pusiéramos de acuerdo. Por ello agradezco también la oportunidad que se me ha dado, que no es otra más que la de sentirme realizado por mi trabajo como miembro de la función pública". Creo que he estado bien.

Segunda pregunta, otro medio afín: "¿en su nuevo cargo de portavoz, va a seguir a pies juntillas las directrices de partido o va a ser más bien un miembro con criterio propio, con la suficiente personalidad para enfrentarse a futuras posiciones del partido que puedan ser contrarias a las suyas? Entendiéndolo como posible ya que hasta hace nada Ud. pertenecía al partido contrario". Una señora de mediana edad y atractivo nulo ha sido la artífice de la cuestión.

Mi respuesta: "gracias de nuevo. Pues lo cierto es que no tengo duda que no va a ser preciso ponerme en contra de nadie. Me han dado a conocer perfectamente cuál es el proyecto del partido para estas próximas elecciones y, como decimos, el proyecto durante los próximos años. Es lo que siempre he querido para mi país, poder ser un país referente mundial y, ese es el resumen. Poco queda para que conozcáis nuestro programa político y os puedo asegurar que puedo firmar con mi sangre todas y cada una de las propuestas del mismo". Eso de prometer lealtad absoluta se me da muy bien, que ironía.

"Última pregunta, por favor" indica el pueblerino. Para no desentonar le dan paso a una de las televisiones partidarias de mi anterior partido. De hecho, he sido entrevistado en un par de ocasiones por este periodista, antes de salir en las noticias de última hora. "Lo primero felicitar por este cambio tan ansiado para Artur", primera punzadita. "Pero me gustaría saber si la decisión de cambiarle dentro del partido Azul verdoso de coordinador interministerial a asesor de agricultura es ocasionado por, según nuestras informaciones, haber sobrepasado en numerosas ocasiones sus funciones como coordinador, pretendiendo ser miembro de la secretaría del partido a toda costa". Directa a la yugular y con la firma del hijo de puta de José Luis.

"Muchas gracias por la pregunta, Héctor", le respondo. "La verdad es que no ha tenido nada que ver con mi último puesto en el partido, debido a que me sentí muy arropado al lado de Jesús en el ministerio de agricultura, al menos el tiempo que estuve allí. Sí me gustaría que sus informaciones fueran algo más concretas, ya que, si pueden llegar a investigar de verdad, descubrirán un vergonzoso lío de faldas que ha costado muchas bajas y desplazamientos de un partido que yo mismo consideraba mucho más serio. En definitiva, en eso se ha convertido el partido Azul verdoso, un cortijo de señoritos, donde lo único importante es mantenerse en el poder a toda costa y eliminar por la vía rápida cualquier elemento que pretenda renovarlo, como entiendo que fue mi caso".

Nos despedimos todos en grupo, agradeciendo por boca del jefe de prensa la comparecencia de todos los medios.

CAPÍTULO 15

A punto de comenzar la campaña propiamente dicha. Nos va a tocar realizar viajes sin parar, autobús hasta que nos salgan úlceras en el culo. Kilómetros sin fin, noches de hotel y todo el santo día con gente del partido.

Hace ya un par de semanas que se oficializó mi cambio de bando. Lo cierto es que todo ha sido más sencillo de lo que pensaba en un principio. El trabajo de pico y pala que han llevado a cabo los medios afines al partido ha sido muy efectivo. Ha sido un machaque con mi imagen durante noche y día. Todo ello ha propiciado que según unas encuestas que se han llevado a cabo, encargadas por nuestro partido, soy después de Cañizares el político mejor valorado y más conocido de las futuras listas del partido Verde azulado. Me ha resultado un poco sorprendente. En un principio pensaba que haber desempeñado mis funciones en la sombra del partido Azul verdoso pudiera ser negativo de cara a mi nueva imagen en el partido rival, nada más equivocado, el hecho de no ser tan reconocible ha facilitado que sea identificado con mayor facilidad por los progresistas conservadores.

He tenido contactos fugaces con mis antiguos compañeros por los despachos de la cámara alta. Lo cierto es que no he tenido sensación de recelo o rechazo con ninguno de ellos. Sabía que las únicas personas que me seguirían mostrando su sincero afecto serían Jorge, por algo es mi amigo de infancia y recomendado como ministro de industria, y José Antonio, de servicios sociales, con quien más tiempo he pasado desde que ocupé hace años el piso que me entregó mi antiguo partido.

Cuando se hizo pública mi incorporación al progresismo conservador, quedó claro que no podía volver al piso que hasta entonces ocupaba. Me reservaron una semana en el hotel Majestic, recuerdo cuando desperté allí hace no tanto tiempo después de la juerga con putas y cocaína con esos ecologistas.

Después me localizaron un apartamento con vistas a todo el centro de la ciudad, situado en la última planta de un emblemático edificio de la capital. Está sobriamente decorado, pero con gran estilo y lujo. Me entregaron la tarjeta del partido, donde poder cargar todos mis gastos, y me puse a funcionar.

La verdad es que había ido conociendo poco a poco a mis nuevos compañeros de partido. Había de todo, como en el antiguo. Gente muy válida, con ganas de escalar en la política nacional a costa de cualquiera o a costa de trabajar como auténticos esclavos, teníamos las dos versiones. Personas con las que poder pasar una gran noche de juerga y otras con las que un café puede resultar un completo suplicio. Lo cierto es que una vez dentro, se aprecia de forma intensa la influencia femenina. Al querer ofrecerse como un partido de corte más progresista, había mucha más paridad, mucha más presencia femenina. Yo personalmente no creo que las mujeres sean peor o mejor que los hombres desempeñando las labores de gestión, pero sí creo que son infinitamente peores llevando a cabo negociaciones o apagando fuegos, como mi antiguo puesto. No soy capaz de recordar la cantidad de crisis que habremos conseguido resolver a base de prostitutas, sobres con grandes cantidades de dinero o con cocaína. Y ese es un estilo que las mujeres no saben llevar a cabo.

He tenido que cambiar un poco mis rutinas, ya no desayuno en el bar. El apartamento cuenta con una cafetera profesional, que la empleada de la limpieza pone en marcha nada más llegar para que ni siquiera tenga yo que solicitar nada. Lo cierto es que es una mujer muy eficiente, sólo me pregunta las cosas una vez y las interioriza como si fueran palabra de Dios. Yo sin embargo todavía no recuerdo cómo se llama. Creo que es Consuelo o Amparo o algo así. Lo cierto es que llevo una temporada muy tranquila. No he esnifado nada ni he bebido demasiado en los últimos días. El propio cambio de rumbo ha sido suficientemente excitante. Además, debo controlar un poco más mis excesos, debido a que soy un personaje mucho más público ahora.

Después del desayuno y de ducharme, bajo a la calle y subo a mi coche oficial, dirección a la cámara alta. Antes de entrar paro un poco para hablar con la prensa. Debido a mi mayor exposición ahora debo ser mucho más amable y abierto al respecto. Saludo con mi mejor sonrisa. He de reconocer que este nivel de exposición me está proporcionando un placer que no imaginaba, siempre había disfrutado en la sombra. Nueva etapa. Me preguntan cómo vamos a conseguir sacar rédito de cara a las elecciones con mi incorporación. Me muestro humilde, negando cualquier beneficio al respecto. Indico que nuestro proyecto de futuro habla por sí solo. Los ciudadanos no deben dejarse influir por la política de un partido, el Azul verdoso, que no es capaz de pensar en el mañana, sólo piensan en el ahora y salvar el cuello, por ello no quiero que mi persona sea lo importante, el futuro lo es. Después de un par de preguntas más del mismo tono y con poco interés entramos para la sesión.

Conforme voy avanzando veo cómo van entrando el resto de compañeros. Ya no me equivoco de lado del auditorio. El primer día ya me estaba dirigiendo a mi antiguo sillón, cuando me avisó un compañero dónde debía sentarme con mi nuevo partido. Comienza la sesión y están tratando temas de energía, transición ecológica y basura hippie por el estilo. Lo cierto es que no estoy demasiado conectado. Es un tema que me aburre de forma soberana. Mientras estoy mandándome mensajes de tías muy gordas en pelotas con José Antonio. Charlo un poco en voz baja con mi compañero de butaca, Pablo Julio. Es un tío bastante cachondo, compartimos el nulo interés en la política diaria, pero con carisma suficiente para hacer frente a una rueda de prensa con tres o cuatro datos principales y mucho encanto. Él está especializado en geopolítica y sociología y se habla que en caso de salir vencedores pueda ocupar la cartera de exteriores.

Pasamos así la mitad de la mañana. Han estado hablando un par de partidos minoritarios que tienen que explicar por qué coño están ahí, justificando ante sus escasos votantes que su mísera opinión tiene voz en el parlamento nacional, aunque ninguno les hemos prestado atención. La presidenta, Angelines García, nos informa que vamos a realizar un descanso. Nos levantamos todos y unos se dirigen a fumar, los más enganchados que no pueden esperar cinco putos minutos sin encender un cigarrillo, el resto vamos derechos a la cafetería.

Al llegar pido un café con leche sin azúcar. Al darme la vuelta para dirigirme a una mesa me encuentro cara a cara con el cabrón de José Luis. No le había vuelto a ver desde que tuvimos la reunión en la sede del partido Azul verdoso. No han sido pocas las ocasiones en que había pensado o divagado en qué cara tenía que haber puesto cuando se enteró de mi cambio. De los insultos que debió lanzarme a través del televisor cuando vio mi rueda de prensa. Le saludo educadamente, sin un ápice de calidez. Me alegra enormemente que no tenga que tenerle miedo. Él me felicita por mi nuevo puesto. Cree que ha sido una decisión acertada, porque en su partido había llegado a un punto difícil. "Ahora podrás tener toda la atención y responsabilidad que creías merecer" asegura. Sabía que no iba a perder la ocasión de tocarme los cojones. "Pues mira José Luis, yo también creo que ha sido una decisión acertada. La verdad es que después de haber dedicado toda la vida a un partido en el que me consideraba ponderado, fue una absoluta frustración ser degradado al puto ministerio de industria por culpa de un lío de faldas de Andrés con una secretaria de mierda. Sí, me enteré y entiendo que se cobre alguna víctima una situación que pueda poner en peligro a un miembro de la secretaría. Pero quizás si me pongo a pensar en qué ofrecía mi trabajo al partido, al menos en el último año he resuelto diversos problemas en casi todos los ministerios, y en lo que supone Andrés, un cargo anquilosado y con menos personalidad que esta taza, puedes entender que haya sido para cabrearse. Quizás es lo mejor. Seguro, es lo mejor. Mi antiguo partido deja de confiar en mí y otro me ofrece un cargo de responsabilidad. Quién sabe José Luis, quizás dentro de no mucho tiempo estemos hablándonos de igual a igual, formando yo parte de la secretaría del partido que me ha sabido valorar", me he quedado un poco más satisfecho. "Mira Artur, las razones que hayas tenido, son sólo tuyas. No quieras cargar sobre nosotros y tampoco sobre Andrés tu evolución o involución con nosotros. Igual que el partido al que ahora perteneces, nosotros decidimos hacer cambios. Tu trabajo, del que tan bien te gusta hablar, ha puesto en apuros la imagen del partido. Siempre siendo tapada por los medios. Quién sabe. Dentro de poco podremos reunirnos como miembros de las secretarías y seguir repartiéndonos el pastel de este país, como hasta ahora hacemos con Pepe o Adolfo, a los cuales tengo en gran estima", contestó. "Así sea José Luis. Os deseo mucha suerte de cara las elecciones y como siempre, me gusta mucho hablar contigo. Sabes que hay una parte de mí en ese partido y mucha gente a la que aprecio" doy por concluido el tema. Si no estaremos todo el día reprochándonos cosas y José Luis es de los que sabe escabullirse muy eficazmente.

Nos disponemos a entrar de nuevo en el salón de plenos. Comienzan de nuevo las comparecencias. En este momento se ha lanzado a hablar Cristóbal, el ministro de sanidad. Está explicando no sé qué propuesta para llevar a cabo una modernización del sector hospitalario, respecto a los recursos humanos.

Al cabo de media hora de su intervención sufro un terrible dolor de cabeza. Creo que es de una intensidad insufrible. Intento agarrarme las sienes y masajearlas para intentar mitigar el dolor, aunque no estoy del todo consciente en cómo están respondiendo mis manos. Mis ojos se están nublando por unos destellos blancos muy intensos. Detrás de cada golpe de luz, no sé quién ha puesto esos focos delante de mí, veo rostros. Alguna cara me es conocida o eso creo, ya que no consigo evocar los nombres en mi mente. Intento levantar las manos para cubrir mis ojos y poder retirar tanto las luces como las caras, pero no surte efecto. A lo lejos escucho diversas voces murmurando a un volumen muy alto, aunque es sólo una voz en concreto la que me realiza preguntas estúpidas. Que si estoy bien, si me puedo levantar, si estoy escuchando. Intento responder a todas y cada una, incluso con genio e insultos, pero no escucho mi voz. Siento como mi cuerpo está siendo como golpeado o llevado en volandas, intento zafarme, pero mis movimientos no son acordes a la intención. No estoy del todo consciente en qué me está pasando, pero algo no funciona correctamente. Intento relajarme, pero la verdad es que me estoy empezando a asustar. De repente creo que hemos cambiado de habitación, ya que el murmullo se ha reducido notablemente. Las luces permanecen cegándome ambos ojos. Las preguntas estúpidas parece que han vuelto, aunque la voz me es absolutamente desconocida. Noto un pinchazo muy fuerte en mi brazo derecho, a la altura del codo, pero por el otro lado. No sé cómo se llama esa parte del cuerpo. Ahora noto otro fuerte pinchazo en la misma zona, pero del otro brazo. En pocos minutos mi sentido parece que se va recuperando. Las luces tan cegadoras se van mitigando, dando paso a una oscuridad intensa. Es como si hubieran corrido un telón. El apagón de luces ha sido de arriba hacia abajo. Ahora no puedo ver. Siento que no puedo hablar, aunque antes he de reconocer que, aunque creía hablar no conseguía escucharme. Estoy como dormido, pero sin dormir del todo. Me resulta imposible moverme, cambiar de posición. Ni siquiera puedo ver qué me han hecho en los brazos. Todo ha dado paso a una calma muy tranquilizadora. Siento como mi cuerpo está siendo desplazado, estoy como en una cama que vuela. Oigo un sonido fuerte, como de un portón cerrándose. Cada vez estoy más desconcertado. Un motor que arranca y escucho una sirena sonar a todo volumen. Creo que es donde voy yo. No puedo ser del todo consciente de lo que está pasando. Noto el vaivén del vehículo y como cerca de mí se encuentran dos personas hablando. No hay mucho que entienda de su conversación. Están hablando de no sé qué Glasgow y centímetros cúbicos de nombres impronunciables.

Al cabo de un tiempo que soy incapaz de determinar, el sitio en el que voy tumbado se lleva un par de golpes y noto como vuelvo a desplazarme. Parece que las luces cegadoras quieren volver, pero el telón negro que suponen mis párpados no deja descubrir del todo qué está pasando. Oigo muchos ruidos y me resultan muy confusos. Quiero pedirles que terminen esta ensalada, me encuentro bien y seguramente habrá ocurrido un fugaz rojo de vibraciones y será eliminable. Cuando coches y panceta cubran todo mi rodillas, sabré qué camisetas y hongos.

CAPÍTULO 16

Las luces han vuelto en ocasiones contadas. Eran breves y de una intensidad moderada. No sé determinar cuántas veces ha ocurrido. Lo cierto es que no recuerdo nada de lo que ha pasado últimamente. Me encuentro con un dolor muy intenso en lo que se podría definir como todo yo. Todas estas reflexiones no sé si me están costando segundos, horas o semanas. Tengo una abstracción del tiempo que nunca antes había sentido. No soy capaz de concretar lo que me está sucediendo.

Después de realizar, durante lo que creo que es un gran lapso de tiempo, un gran esfuerzo, consigo abrir los párpados. Creo que me ha atropellado un camión. Lo primero que diviso es a unas personas borrosas vestidas de blanco que me miran muy atentamente. Después de enfocar la mirada veo que son como dos enfermeras. Una es bastante vieja, la otra en cambio es una chica de alrededor de unos treinta años que, a pesar de tener las espaldas algo anchas, tiene unos ojos azules preciosos. Cuando llevo unos segundos mirándolas veo como dibujan unas amplias sonrisas en sus rostros. En esto la ojos azules le dice a la vieja que avise al Dr. Baños. Vale, entendido. Estoy en un hospital y, por cómo me siento, estoy muy jodido. No encuentro las fuerzas para poder si quiera articular palabra. Poco a poco voy siendo consciente de mi cuerpo y siento un reseco impresionante en mi boca, además algo extraño me tiene atravesada la garganta y me causa un dolor muy molesto. Parece que voy recuperando las sensaciones por tramos de cuerpo y lo siguiente que noto es un escozor muy intenso en la polla. Joder, qué me habrán hecho ahí. También me duele mucho el culo, imagino que de estar en la cama. Como si estás sentado toda la tarde en el sofá, multiplicado por mil.

Mientras voy entrando en contacto un poco con la realidad viene el citado Dr. Baños. Es un señor de unos cincuenta años, algo bajito y también tiene los ojos azules. Se presenta y me dice que es neurólogo. Yo intento saludarle o presentarme, pero estoy hecho una basura, no soy capaz de articular palabra. Se muestra muy amable y eso me tranquiliza ligeramente. Después de haberse presentado, se marchan las dos enfermeras y quedamos él y yo a solas. Me dice que me encuentro en el hospital privado de Santo Ángel, en la unidad de Ictus. Hace algunos días, según me va informando, sufrí un infarto cerebral en la cámara. La verdad es que no me acuerdo de nada. Fue de una intensidad moderada y, gracias a Dios, se me derivó rápidamente al hospital. En un primer momento, es normal que sintiera un dolor muy intenso de cabeza o perdida de fuerza o coordinación en alguno o varios de los miembros del cuerpo, además de no poder entender las palabras que oía o emitir algunas de forma incorrecta. Se me intervino de forma inmediata en el quirófano porque una de las arterias de mi cabeza estaba tan taponada que acabó explotando. Se contuvo la hemorragia en un primer momento y todo iba por unos cauces bastante favorables, lo que hacía que todos fueran muy optimistas respecto a mi recuperación o secuelas que pudieran quedarme. La verdad es que creo que lo estoy comprendiendo bien y estoy bastante asustado. Sin embargo, cuando parecía que los problemas se habían estabilizado, sufrí otro Ictus y la situación se complicó, agravando el problema enormemente. Todas esas buenas perspectivas saltaron por los aires. Ahora sí estoy acojonado de verdad. Tuvieron que intervenirme en quirófano de urgencias nuevamente, aunque los daños y problemas iban a ser mucho mayores. Después de dicha operación me tuvieron que poner un agujero en la garganta, me conectaron a una máquina para respirar. También me colocaron una sonda que iba de la nariz al estómago. Por último, también me pusieron una sonda para la orina. Ahora entiendo todas las molestias que he notado nada más despertar. Pasé dos o tres días entre la vida y la muerte, hasta que me estabilicé. Me retiraron el tubo que iba desde la nariz a la tripa y me conectaron una sonda a través del abdomen que conecta directamente con mi estómago, por donde me están alimentando. Durante todo este tiempo y todas estas putadas que me han hecho, me tenían sedado y no pude ni siquiera opinar de todo esto que me estaban haciendo para mantenerme con vida. Como los médicos observaron que me iba alejando del peligro, me han ido retirando la sedación, el coma inducido lo llamó el Dr. Baños, hasta este preciso momento. Lo cierto es que estoy escuchando con todos y cada uno de los poros de mi cuerpo, pero me está costando procesar toda esta información. También me dice que mientras estaba en coma me han realizado diferentes pruebas como escáneres cerebrales, electroencefalogramas y otras que no había oído en mi vida. Creen que el sangrado de mi cerebro está eliminado por completo, pero el daño que ha causado, sobre todo el segundo infarto, es muy grave. Me informa, adquiriendo un tono grave, que no he sido desconectado porque mostraba actividad cerebral en el electro. Aún es pronto para adivinar cuáles van a ser mis secuelas definitivas, puesto que se considera que estoy en una fase muy reciente del suceso y hay un período en el que es posible que vaya recuperando funciones. Intento formular alguna pregunta como cuánto tiempo llevo aquí o en qué momento me podré marchar a casa. Pero estoy igual que antes, tan hecho mierda que no soy capaz de hablar nada. No sé si me lo habrá visto en la cara o qué, pero me informa que después de haber localizado el área dañada de mi cerebro es más que probable que no voy a poder hablar. Iluso de mí, yo pensaba que era por mi cansancio o falta de fuerzas. Es una sensación muy extraña, porque es como si mi cuerpo no respondiera a mis órdenes. Me invita a que reflexione y trate de asimilar toda la información que me acaban de dar, que es muy impactante y entiende que necesite estar solo durante varios minutos. La verdad es que ahora mismo necesito cualquier cosa menos estar solo. Quiero gritar, levantarme, irme de ahí corriendo, arrancarme la sonda que me está destrozando la polla… sin embargo, me quedo solo y tirado en una cama de hospital.

Mientras estoy solo intento no ponerme a llorar como un niño asustado, pero no sé si lo estoy controlando o es que mi cuerpo tampoco responde a eso. Ya no siento miedo, estoy aterrorizado. Creo que si hubiera sido secuestrado o me estuvieran apuntando con un arma tendría menos miedo del que experimento en este preciso momento. Siento que todo el peso del mundo ha caído sobre mi nuca, causando un daño tan potente del que no me podré recuperar.

No soy capaz de girar el cuello tampoco. El culo me sigue doliendo y parece que irradia hacia arriba, invadiendo lumbares y resto de la espalda. Al cabo de un rato, entran las dos enfermeras. Me mueven en la cama. Aunque intento ayudarlas no puedo mover un músculo, así que me dejo hacer e intento relajarme. Me colocan una almohada debajo de mi costado derecho y quedo ligeramente volcado hacia el lado contrario. La verdad es que noto un ligero alivio en la espalda y el culo.

A pesar de lo impactado que me siento vuelvo a quedarme no sé si dormido, adormilado o medio drogado. Es una sensación de estar en tierra de nadie. Cuando vuelvo a despertar me encuentro de frente con Teresa que me está llamando. He de reconocer que me alegra y reconforta encontrar el primer rostro reconocible entre tanta catástrofe. Aunque sea el de ella. Me da un beso sonoro y me dice que estaban todos muy preocupados por mí. Después del segundo infarto pensaban que no saldría con vida, pero he debido pelear como un jabato. Me dice que ahora que he despertado, pronto me sacarán de la U.C.I. y me llevarán a planta. Después me han reservado una plaza en una clínica especializada en lesiones medulares y daño neurológico severo, como es mi caso. No puedo evitar pensar que igual es así para toda la vida. Me refiero a los encuentros con mi esposa, ella hablando y yo teniendo que escuchar sin poder escapar. Me asegura que todos me quieren mucho, no sé quiénes serán esos todos. También ha venido Rocco, pero ha preferido entrar ella sola, él podré verlo un poco más adelante, quizás si me viera ahora sería demasiado impacto para él. Si no me hace una foto para sus redes sociales vamos bien, pienso yo.

Aún albergo la duda de cómo marchan las elecciones o si han finalizado ya. A la vez voy haciéndome a la idea que mi carrera política ha terminado. Eso me lleva terriblemente a una depresión inmediata. He intentado aceptar todas las complicaciones, los peores pronósticos de mis secuelas y que tengo que comer por una sonda, pero mi carrera es en lo que he centrado mi vida. He antepuesto a mi familia, a la que nunca quise de verdad, y a mi persona y mis sueños siempre eran de ámbito político. Sólo quería prosperar en el partido, mantenerme en el poder que es lo que me ha otorgado mayores satisfacciones. Tengo alguna mínima esperanza que mi recuperación sea algo fuera de lo normal, aunque no lo creo, porque si no es así, no encuentro más beneficios estando así que bajo tierra.

Después de haber estado diciéndome, más o menos, lo mismo que me contó el Dr. Baños, Teresa debe marcharse. El estar en U.C.I. tiene esos privilegios, sólo unos minutos de visitas al día.

Nada más que se marcha mi esposa vuelven a entrar dos enfermeras. Son dos diferentes, imagino que habrá habido cambio de turno. Una es excesivamente joven para lo frágil de mi estado, pienso en un primer momento, aunque se adivinan unos pechos debajo de ese pijama que hace que olvide de forma inmediata su supuesta poca experiencia. La otra es una chica de unos treinta años, con el cabello largo cogido en una coleta y de envergadura media. Entre las dos me movilizan, me lavan con varias esponjas y toallas en la zona del culo y mi polla. Hasta este preciso momento no he caído en la cuenta que a partir de ahora o, mejor dicho, desde hace un tiempo, me estoy cagando encima. Como un bebe o un viejo en puto asilo. Joder que deprimente. Una vez que han terminado, de forma bastante eficiente he de reconocer, se queda la treintañera y saca una especie de batido y una jeringa bastante grande. Se retira unos instantes trayendo un vaso de agua y se dedica a alimentarme. La verdad es que es un proceso interesante si ves que se lo hacen a otro, si te lo hacen a ti es terriblemente desesperanzador. Primero me mete una jeringa con agua, noto como inconscientemente muevo la mandíbula de abajo, aunque es de forma involuntaria me da alguna esperanza. Después me introduce cuatro jeringas más de un líquido color ocre y un vaso más de agua. Después también quedo unos minutos incorporado y supone un descanso en un primer momento, porque así puedo ver mejor dónde me encuentro. Aunque el dolor en el culo se hace mucho más intenso. Merece la pena. Una vez ha acabado, me dice que pronto tendré que intentar dormir, ya que son cerca de las nueve de la noche y mañana si no estaré muy cansado. Joder, pues si no tengo nada que hacer.

Estoy un rato despierto observando el entorno, valorando mis opciones, intentando hacerme poco a poco a la idea. Creo que me va a resultar imposible. No puedo dejar de pensar que el primer impulso de movimiento que tenga será para intentar acabar con mi vida.

Ahora mismo no soy capaz de descifrar el tiempo, cuánto estuvo Teresa, cuánto estuve hablando con el Dr., o cuánto habré estado con el cabecero incorporado. Viene una enfermera y me cambia un par de goteros, uno enorme que parece un bidón de agua y el otro que es más pequeño de color algo más oscuro. Me dice que enseguida podré descansar. Pienso que alguna medicación me habrá puesto en alguno de los sueros. Bueno, si me van teniendo drogado, algo es algo. Aunque pienso que es una síntesis perfecta del sistema sanitario, uno necesita calor, necesita comprensión, cariño, reducir la soledad o un puto psicólogo, pero en lugar de eso, droga en vena.

Despierto a la mañana siguiente. La verdad es que no me encuentro mucho mejor. Los dolores persisten en cada parte de mi cuerpo. Intento nuevamente hablar, pero veo que sigue siendo imposible. Entran dos chicas para asearme, nuevamente con un arsenal de esponjas y toallas. La verdad es que está a mil kilómetros de sentar igual de bien que una ducha. Ya voy perdiendo un poco la capacidad de reconocer tantas caras de enfermera. Sólo me acuerdo de las primeras que vi, el resto son como rostros indefinidos. Sí noto un momento embarazoso y nada disfrutable cuando llega el momento de limpiarme la zona genital. Retraen mi glande y con muy poco tacto me limpian bien, pero acompañado del escozor de la sonda, es una experiencia bastante desagradable. Después de eso vuelven a administrarme ese batido por la sonda con sus correspondientes jeringas de agua. Me incorporan en la cama, haciendo como si fuera casi un sillón. En un primer momento me da la sensación que me voy a ir hacia adelante y me voy a dejar los dientes en el suelo, falsa alarma. Viene el Dr. Baños y me saluda con una sonrisa, refiere que está contento de verme incorporado. Con que poco se alegran por estas tierras, pienso yo. Me dice que ya ha estado hablando con mi esposa y, como me encuentro fuera de peligro y en una situación estable, va a autorizar mi traslado a la clínica especializada en rehabilitación que me comentó Teresa. Me sugiere que cuanto antes se comience a trabajar mejor y que por su parte no existe ninguna contraindicación al respecto. Antes de despertar esta mañana me han hecho una analítica y los resultados son buenos. Con la buena noticia que, el último escáner cerebral de la semana pasada, también indica que el riesgo parece haber desaparecido. Por ello, ahora lo único importante es recuperar. La verdad es que estoy de acuerdo con él. Aunque no lo estuviera lo mismo me iba a dar. Como mi comunicación ha sido castrada, tengo que ser presa de las decisiones que tome mi esposa junto con las indicaciones médicas.

Pues nada, tendremos que mudarnos a lo largo del día. Me informa que ya está pedida la ambulancia y se han puesto en comunicación con la clínica destino. Sólo falta que me hagan el informe de alta y que llegue el transporte.

CAPÍTULO 17

Llego a la clínica bastante tarde, por lo oscuro que está ya el cielo. Sólo he ido desde la planta hasta la ambulancia y del vehículo hasta la clínica. Me han acompañado mi esposa Teresa y Rocco, mi hijo. Vaya impacto se ha llevado él. En un principio no quiso Teresa que me viera en la U.C.I. para que no se impresionara de tanto cable e igual ha sido peor el remedio que la enfermedad. He podido leer en sus ojos que estoy para que me tiren a la basura. Creo que se ha estado aguantando las lágrimas, me ha extrañado esa emotividad en él. Pensaba que era un malcriado sin sentimientos. Igual sólo ha sido el impacto, no nos vengamos arriba.

Sigo sintiéndome rematadamente mal. El dolor de culo es muy intenso. Pero la sensación de no poder decir a nadie que me levante un rato o que me rasquen la espalda es desesperante. He pasado gran parte del día rezando a un Dios en el que no creo, que acabe con mi sufrimiento y me lance un infarto fulminante, que me ahogue o que la maldita ambulancia tuviera un accidente fatal. No me ha escuchado. Parece que voy a ser el único que me escuche durante mucho tiempo. El traqueteo de la ambulancia me mueve mucho las tripas. A la llegada al centro noto una humedad en la zona de los pantalones, como si unos pequeños animales mojados o pegajosos estuvieran ascendiendo. Al cabo de un rato el hedor inunda toda la estancia y caigo en la cuenta que me he cagado, encima claro. Una terrible sensación me invade. Se juntan una inmensa vergüenza y un sentimiento de indignidad que hacen que esté pasando el que es, seguramente, el peor momento de mi vida. No puedo pensar en otra cosa que no sea limpiarme o simplemente escapar. Cuando esté limpio será porque más personas se habrán dado cuenta. Más me valdría acostumbrarme, pero no encuentro la forma de cómo podría considerar esto como algo normal. El olor a mierda es como clavos que tengo insertados en mi maltrecho cerebro, impidiéndome pensar en otra cosa que no sea el rato más desagradable de mi existencia. Cuando bajamos de la ambulancia, yo en camilla claro, se unen a mí Teresa y Rocco. Tanto ellos como los camilleros notan que me he cagado, pero cada uno prefiere mirar para otro lado y hacer como que no ha pasado nada.

Entramos en el centro y la señora de recepción recoge los datos que le proporciona mi esposa. Me acompañan a la habitación y me dejan en la cama. Inmediatamente entran dos chicas que invitan a mi hijo y esposa a salir para cambiarme el pañal. En cuanto se cierra la puerta comentan entre ellas que vaya entrada he tenido, je je je, podría haberlo dejado en el hospital. Lo cierto es que lo dicen sin acritud o enfado, pero convierten el momento en algo cada vez más embarazoso. Me gustaría poder gritar bien alto que se fueran a tomar por el culo, ojalá tuvieran ellas que estar prostradas en una cama para el resto de su vida y yo mantener mi poder y que fueran despedidas de forma inmediata. En lugar de eso, sólo puedo parpadear. Aunque he de reconocer que supone un gran alivio que retiren todo eso del pañal.

Quedo en la habitación tumbado en la cama y entra mi familia. Teresa lleva una charla intrascendente e incesante. No para de repetir que es el mejor sitio y que allí podrán hacer todo lo posible para que me recupere. Aunque no puedo evitar pensar que eso no va a ser posible. Me veo minusválido de por vida y ni siquiera puedo llorar. El chaval no ha abierto la boca.

Al cabo de un rato viene el médico del centro, un tal Dr. Torrijos. Es alto y delgado, con una perilla muy pasada de moda y voz de niña frágil. Me saluda educadamente a mí y a ellos dos. Comenta que ya le habían adelantado los informes desde el hospital y ha podido estudiar bien cuál es mi caso. La primera palabra interesante que detecto entre toda la cháchara inicial es que mi caso es muy grave, eso hace que ponga todos mis sentidos agudizados. Joder, es que no paro de recibir malas noticias desde hace no sé cuánto. Me pide que vaya haciendo unos movimientos sencillos con los ojos, que es lo único que de momento me obedece. Nos dice que por las secuelas que manifiesto y por los diversos escáneres que me han ido haciendo, sufro lo que se conoce como síndrome del cautiverio. Lo que en definitiva es una putada, aunque eso ya lo voy teniendo más que claro. Consiste en que todo lo que sea movimiento está anulado, salvo el de los ojos. Aunque las sensaciones y actividad mental están conservadas. No puedo comer, no puedo hablar, no puedo andar y, como hemos podido comprobar, ni siquiera puedo limpiarme el culo. Pero puedo pensar en lo jodido que estoy, puedo sentir en cómo me duele el culo y puedo oler como huelo a mierda hasta que alguien se digne a limpiarme. Es perfecto. No sé cuántos shocks emocionales llevo en estos dos días. Me extraña que no me haya dado otro infarto. Para ir terminando, nos avisa que las expectativas de mejora son prácticamente nulas. No creo que sea capaz de digerir esto. Voy a tener que estar toda mi puta vida así, postrado en una cama o en una silla sin capacidad de comunicarme. Sólo quiero que alguien apague la luz del todo, que aquí acabe la vida de Artur Venganza.

Una vez se marcha el médico, mi esposa rompe a llorar desconsoladamente y mi hijo la consuela. Eso está bien, el que se va a quedar así para siempre soy yo, pero la consuelan a ella, mientras a mí no ha sido capaz casi ni de dirigirme la mirada. Esa también ha sido una de las características de Teresa, fuera la situación que fuera, ella es capaz de cambiar la situación para que sea la protagonista y, por supuesto, la más víctima. Hasta en esta situación tiene que acaparar los focos. Cuando se recompone me besa sonoramente en la mejilla y vuelve a repetir los deseos e intenciones, aunque sí percibo que con menor esperanza que al llegar. Ya no es el mejor sitio para recuperarme, ahora sólo es el sitio donde voy a estar muy bien cuidado.

Antes de dormirme vuelven a darme un batido de esos tan extraños. Es el cuarto del día y no quita la sensación de hambre en absoluto. Tampoco esos vasos de agua quitan la sed. Parece que el hambre y sed perpetuos sólo es un extra añadido, estupendo. Cuando acaban de darme la "comida" me desean buenas noches y que descanse, aunque parece que no son ni las ocho de la tarde.

Mientras estoy en la cama a oscuras, voy pensando en el mundo que he dejado atrás. Mis aspiraciones políticas han quedado cercenadas por un destino que no creo merecer. Contaba con ser el portavoz de un gobierno entrante, cargado de energía y soberbia ganadora, como a mí me gusta. Quizás, con mucha suerte, ganar un par de comicios y después entrar en la secretaría del partido Verde azulado. Conforme voy poniendo un poco mis recuerdos en orden, lo último que recuerdo es la charla que mantuve con José Luis en la cafetería del trabajo. Igual tenía todo en orden y hablar con ese sujeto me alteró tanto que acabó por reventarme el cerebro. Ése ha sido el último regalo del partido al que he dedicado tantos años, un infarto cerebral que me deja preso en mi propio cuerpo. Si pienso que fui una persona que hice todo lo que me dio la gana, no hace que me quede satisfecho por haber disfrutado a fondo de mi vida, al contrario, me llena de amargura y frustración pasar de ser una persona con tanto poder a no ser capaz ni de taparme un día de frío. De aquí en adelante sólo me queda esperar la muerte con anhelo y desesperanza. Sé que pasé aproximadamente unos cuarenta días en la U.C.I. y eso quiere decir, que las elecciones han sido celebradas y los resultados dados hace apenas una semana, pero nadie es capaz de informarme cómo ha quedado el resultado.

Aunque he conseguido quedarme dormido, a las tantas de la madrugada vuelven a despertarme para darme otra toma de esa "comida" y revisar mi pañal. La verdad es que para no despertarme se lo podrían haber ahorrado. Desde luego que sí. Sólo han conseguido despertarme y que me quede en vela durante al menos una hora.

A la mañana siguiente me despiertan dos chicas de buen humor. Se presentan como Laura y Alejandra. Me voltean y me lavan con esmero. No es una ducha, ni en el mejor de los sueños, pero es agradable sentirse medianamente limpio. Cuando acaban de limpiarme me colocan una ropa de deporte que debió entregar Teresa ayer o hace algunos días. No he llevado chándal en mi vida. Creo que es el uniforme perfecto de los fracasados. Aquellos gordos de mierda que no son capaces de andar veinte metros si no es para ir a la cocina, pero siempre llevan ropa de deporte, paradojas contemporáneas. Me colocan en una grúa como si fuera un pedazo enorme de carne para el matadero para después sentarme en una silla de ruedas. Lo cierto es que no me había imaginado estar en silla de rueda, jamás. Sólo lo que me han hecho durante el poco rato que llevamos de día me deja agotado. Sin embargo, eso no es óbice para que me lleven de aquí para allá. Un rato de gimnasio, otro con unas chicas que no hacen más que algo con mis ojos y un ordenador. Me lo estaban explicando, pero no pude prestar mucha atención por el cansancio, preferí distraerme con la visión de las tetas de una de ellas que estaba echada hacia adelante y dejaba ver claramente tan grata visión.

Mención aparte merece la neuropsicóloga, se presenta como Mariana. Al entrar en su despacho ha puesto música de esa que te ponen en los sitios de masaje para relajarte, antes de que te hagan una paja. Comienza a hablar generalidades sin sentido y con poca profundidad, que entiende mi situación y que pueda sentirme algo deprimido. Me dan ganas de preguntarle si es idiota, por alguna razón médica o concreta. También me aconseja que, si soy capaz de ver el lado positivo de la situación, podré escapar de los sentimientos más depresivos. Lo mejor sería que vea lo positivo de poder pensar en mí, de dedicarme tiempo. Mi único deseo, ahora mismo, es poder abofetearla hasta que me sangren las manos. Como es posible que esta chica, que podría ser más o menos atractiva si se arreglara un poco, haya conseguido dejarme peor que cuando entré. Jodida estúpida, sólo cabe en mi cabeza desearle accidentes y cosas terribles.

Entre idas y venidas he pasado la mayor parte del día. Hacia media tarde vienen de nuevo Rocco y Teresa. El chico por fin me saluda y me da un beso en la mejilla, imagino que su madre le diría algo ayer. Aunque no puedo negar que ha sido una situación que nos ha molestado y avergonzado a los dos. Ella me vuelve a dar su sonoro beso de rigor en la mejilla, quizás para que todo el mundo vea que todavía me quiere a pesar que su marido tenga la misma actividad que una piedra. Me pregunta cómo me ha ido el día, ninguno esperamos respuesta claro. Su discurso es infinito e insulso. Me habla del tráfico, lo lejos que está la clínica de nuestra casa, de la suerte que hemos tenido de poder ingresar en este centro. Me enoja que hable en plural del ingreso, siendo que sólo yo estoy pasando este calvario. También me cuenta que va a mandar que hagan un estudio de la casa para cuando tenga yo que volver a ella, para que no me falte de nada y que todas las dificultades sean eliminadas. Creo que la única solución que podría dejarme medianamente contento sería que contratara diez o doce señoritas, previo casting por mi parte, para que me cuidaran durante todo el día, dándome algún tipo de alegría sexual, si no me empalmo pues que se masturben o follen entre ellas. Y que ella y el chico se vayan bien lejos, nunca los he necesitado ni querido cerca de mí, ¿por qué ahora iba a ser diferente?

También me dice que, durante todo el tiempo de mi ingreso, sobre todo los primeros días, los dos partidos en los que he militado se preocuparon por mi estado de salud. Ella que se muestra parcialmente agradecida, cree que se olvidaron rápidamente. Tenían unas elecciones que preparar y yo era un contratiempo. La verdad es que, si desde los Verde azulado no han sabido aprovechar esto, demuestra una torpeza horrible por su parte. Ganaron mis antiguos compañeros, los Azul verdoso, el partido conservador progresista. Por fin me entero. No me cabe duda entonces, se han movido con mucha torpeza y no han sabido aprovechar para nada el tirón que mi infarto podría haberles proporcionado, inútiles.

Rocco se marcha un momento a coger un refresco de la máquina expendedora de la entrada. Mientras mi esposa me dice que el chico lo está pasando muy mal con todo esto. "Él te quiere mucho y le está costando hacerse a la idea de que su padre todopoderoso se vea así", me confiesa. Está exagerando de una forma terrible, nunca ese crío me mostró algún rastro de cariño o amor, tampoco yo se los ofrecí ni solicité. Creo que habíamos llegado a un acuerdo no escrito de ser compañeros de vida, sin derecho de jodernos el uno al otro. Una vez más, la pobre imbécil de mi esposa no es capaz de adivinar que lo último que necesito ahora mismo es saber que otra persona más está sufriendo enormemente por mi estado. Así es ella, sólo habla y habla sin tener en cuenta muchas veces las estupideces que suelta y ahora que no puede obtener respuesta mía, creo que ha encontrado su ecosistema de víctima perfecto.

Una vez se marchan me vuelven a dar otro batido de mierda por la sonda, me cambian el pañal y quedo acostado. Vuelven a desearme buenas noches y felices sueños, vuelven a no ser las ocho de la tarde.

CAPÍTULO 18

No es mucho decir que va a ser otro día más. Llevo ya unas tres semanas ingresado en esta clínica y no puedo decir que la cosa haya cambiado demasiado. Conforme han ido avanzando los días he ido relacionándome más con el centro, con sus trabajadores, los horarios y con mi situación.

Respecto al centro puedo decir que es un sitio con el que estoy meridianamente satisfecho, tratan a los pacientes con profesionalidad, se esmeran en las deficiencias de cada uno e intentan mantener algo de tu dignidad como la persona que algún día te sentiste. Con los trabajadores no me ha sido posible establecer una relación, pero he podido desarrollar mis preferencias, un fisioterapeuta mejor que otro, una enfermera más cálida que otra y cosas por el estilo. Así han quedado reducidas mis capacidades de relación. Respecto a los horarios, es un poco complicado que te acuesten alrededor de las ocho de la tarde y te levanten a las ocho de la mañana. Es incalculable la cantidad de horas que una persona en mi situación pierde mirando a la nada, sólo esperando a que venga alguien a llevarlo a otro sitio, confiando en que esa otra persona tenga poderes de telekinesis y lea mi mente para poder rascarme la oreja, limpiarme el culo o taparme cuando estoy muerto de frío.

En lo que se refiere a mi situación, no he podido aceptarlo. Sólo siento que mi vida ha terminado. Ahora estoy como mero espectador de un tiempo extra que no he pedido. Cada día que avanza no supone una batalla más, está perdida de antemano. El despertar por la mañana sólo supone la triste confirmación de que todavía no he muerto. No sé si estas reflexiones suponen un mínimo acercamiento a la aceptación, supongo que no lo son, pero si alguna vez alguien ha pensado el dicho: "es más fácil decirlo que hacerlo", que se ponga en mi lugar cuando tengo que escuchar las tonterías de la psicóloga. Una mujer de mediana edad y de clase acomodada que vive de dar consejos estúpidos, que parece que saca de una web de frases de autoayuda y no de una carrera universitaria.

Como todos los días, vienen a despertarme con un buenos días y una sonrisa. Aunque sean dadas a la amabilidad, es difícil poder ponderar dicha educación. Aunque lleve un tiempo despierto, parece que me voy adaptando a esos horarios tan castrantes. Me lavan y levantan con gran diligencia. Cada día que avanza, estoy más lejos de poder recuperar algo de mi estado anterior. No cabe otra posibilidad en mi cabeza que el que me voy a quedar tal y como estoy.

Hoy por la mañana han modificado algo mi rutina. No he ido al gimnasio, como todos los días a primera hora, tras la toma del batido de los cojones. Me cuenta la chica que está empujando mi silla que voy a ver al Dr. Torrijos. En la antesala del despacho médico me encuentro con mi esposa, parece que está ahí esperándome o que ha venido antes por algún motivo. Antes ni siquiera quería juntarme con ella los fines de semana y ahora es ella la que rige mi porvenir y mi destino. Me recibe con su beso protocolario y sonoro en la mejilla. Me pregunta qué tal me encuentro y ella me dice que hace un par de días le llamaron desde la clínica porque querían hablar con nosotros. Todo eso añade un poco más de tensión al momento. Rocco no ha venido, es día laborable y, por la mañana, debe estar estudiando. Es curioso como no hemos conseguido estrechar la relación entre padre e hijo, pero esta situación sí ha permitido que piense más en él. Imagino porqué al finalizar el resto de mi vida y tener la cabeza más libre de asuntos, puedo dedicar algo del día a pensar en su presente o su futuro. Mal asunto.

Al cabo de unos minutos sale a recibirnos el Dr. Torrijos, nos invita a pasar a su despacho. Una vez hemos entrado y Teresa ya se ha acomodado, yo vengo acomodado de serie, el médico agradece la asistencia de ambos, que cachondo, como si yo pudiera elegir. Comienza su discurso haciendo referencia a que todos sabíamos la dificultad de la situación, que era muy complicado conseguir una recuperación muy importante debido a la gravedad de las lesiones y el impacto de las secuelas era muy significativo. Lamenta el decirnos, según él, que la rehabilitación que he hecho este tiempo en el centro, ha servido para considerar que no voy a poder recuperar absolutamente nada, casi con total seguridad. Ya ha pasado un tiempo respetable desde el infarto, por ello los objetivos de cualquier tratamiento rehabilitador, a partir de ahora, van a ser evitar complicaciones. No albergaba muchas esperanzas antes de esta reunión, pero ahora me siento absolutamente devastado. Un rayo que hubiera atravesado mi cuerpo desde la cabeza a los pies hubiera causado menos daño. Me doy cuenta que me he ido de la conversación, ya que a lo que vuelvo, Teresa está hablando. Le pregunta al médico si no existe ninguna posibilidad de, al menos, mejorar mi calidad de vida respecto a lo que sea. Él nos dice que han probado diferentes modos de que pudiera ser alimentado y no necesitar la sonda, pero ello ha causado dos casi atragantamientos, recuerdo lo mal que lo pasé. También dice que me hicieron unas pruebas para colocarme un dispositivo en los ojos y de esta forma poder comunicarme con una especie de ordenador, como Stephen Hawking, pero mis ojos tienen un movimiento incontrolado e incesante que hace que no puedan focalizar en una letra en concreto y el sistema se vuelve loco. Desconozco cuánto estamos pagando por este centro, pero lo cierto es que ha sido un fracaso absoluto. Sólo han conseguido alimentarme con los putos batidos, aunque padezca hambre y sed durante las veinticuatro horas del día, y que toda la mierda que mi culo ha expulsado no me llegue a la boca. Parece que vamos a tener que replantear mi situación entonces, afirma Teresa. Lo cierto es que me he quedado tan mudo por dentro como por fuera. El médico nos invita a volver a hablar con él cuando lo necesitemos, es decir nos invita a que nos vayamos de su despacho.

Teresa es la que empuja mi silla hasta una pequeña zona ajardinada que hay en uno de los flancos del centro. Me deja ahí esperando a que vuelva con un café. Cuando vuelve veo sus ojos enrojecidos, dentro del despacho o al salir no la había visto llorar, tampoco me he fijado mucho. Vuelve con un café de máquina y un cigarrillo encendido. Lamenta mucho las noticias que acabamos de recibir. Se excusa argumentando que este centro es especialista, pero no puede hacer milagros. Cuando lo eligió en su momento, no quiso atender a lo que iba a costar la estancia en él. Cuando oigo que hace mención al dinero no me gusta. En su puta vida ha tenido que hacer mención al dinero que yo he ganado, siempre ha nadado en la abundancia gracias a mi trabajo. Dice que la familia, es decir ella, había decidido hacer un gran esfuerzo económico con la esperanza de que me recuperara en algo. Al contrario, sólo consigo mover los ojos. "Vamos a tener que pensar a ver qué hacemos Artur, porque este centro, además de que es carísimo, no podemos contemplarlo como una estancia duradera para ti, ya que es de rehabilitación. Hace unos días estuve hablando con dirigentes del partido Verde azulado, haciéndome un poco la tonta. Fue con un secretario de gestión del partido, un tal Tito creo. Fue muy educado y amable, preguntándome a fondo por tu situación y mostrándose muy afectado por la relación que según él os unía", será cabrón Tito, ni que fuéramos uña y carne. Sólo conocidos y últimamente compañeros de partido. Prosigue ella "agradecí sinceramente sus muestras de cariño. Intenté averiguar si podían ayudarnos un poco con los pagos de la clínica, ya que el costo era muy elevado". Pienso que mi esposa es una jodida idiota, me ha arrebatado lo único que parece que me quedaba que es mi dignidad como político, arrastrando mi nombre por el barro como un mero pedigüeño les pide ayuda para pagar una clínica. Ahora mismo siento unas ganas terribles de gritarle, de empujarle. "Pero ya te adelanto que se han hecho los locos" continúa, "me ha empezado a decir que si al haber perdido las elecciones nuevamente, muchos de los apoyos económicos que tenían o de ayudas que recibía el partido se habían reducido, dejándolos en una situación económica complicada. No sé qué más historias, pero, resumiendo, no quieren ayudar. También ha comentado de pasada, que ha sido tan corta tu trayectoria en el partido que apenas ha podido generar afinidad entre ambos". Pienso que, independientemente de que ella me haya avergonzado públicamente, esos cabrones me han dado la patada con una rapidez abismal, sin ser capaces de entenderme como miembro del partido cuando renuncié a toda una historia en mi anterior trabajo. "Por lo tanto me marché a intentar hablar con algún miembro de los Azul verdoso", joder esto no acaba nunca, pienso yo mientras ella sigue hablando, "al entrar en la sede me acompañan a una sala de reuniones y me vienen a recibir José Luis y un tal Andrés, a este último no lo conocía. Les cuento el mismo rollo, que estábamos tan esperanzados con la rehabilitación que íbamos a hacer todo el esfuerzo posible. Ellos se muestran muy comprensivos, pero mucho más fríos que el tal Tito. Cuando les digo que cualquier ayuda que pudiera venir de parte del partido al que habías dedicado toda tu vida, sería de gran importancia, puesto que bla bla bla, lo mismo que a los otros Artur. Me dicen muy bruscamente que tú ya decidiste a última hora qué partido apoyar. Ellos habían tenido en ti un compañero y un amigo, por ello se sintieron muy dolidos por tu marcha a la oposición. Además, debido a la coyuntura económica y demás paparruchas, no podían destinar más dinero del ya destinado a determinadas situaciones de excompañeros de partido. Vamos Artur, que nos han dejado solos los dos partidos. Sólo he pedido un poco de ayuda en forma de dinero para que puedas seguir en este maravilloso centro y nos han cerrado la puerta, nos han mandado a la mierda", de repente se quiebra su cháchara porque rompe a llorar. Soy yo el que me encuentro en una silla, abandonado por mis compañeros de toda la vida, por dos veces, humillado por mi mujer, que se arrastra como una vulgar puta de carretera por todos sitios pidiendo limosna. Encima, sin sacar nada a cambio. Jodida estúpida. Una vez ha llorado lo suficiente me lleva hasta mi habitación. De camino me lleva por una zona acristalada que yo nunca había visitado, enseguida entiendo por qué. Por primera vez desde aquella mañana en la cámara alta veo mi reflejo en los cristales. No parezco un ser vivo. Mi rostro está completamente deformado, además de haber perdido muchos kilos. Estoy con la boca abierta y vencida hacia uno de los lados. Mi cabeza está sujeta para que no se venza hacia los costados y mis ojos están vacíos. Imagino que los trabajadores están aleccionados para no circular con pacientes por esta zona y así no tener que contemplar semejante espectáculo. Creo que el día no puede ir peor. La verdad es que la imagen sólo puede servir como reclamo para aceptar la eutanasia.

Después de haber estado durante más tiempo del que yo hubiera deseado aguantando el lloro y el rollo de mi esposa, me da el jodido beso de la mejilla y se marcha. Me cambian el pañal, me dan el condenado batido y quedo acostado un buen rato.

Por la tarde no me hubiera levantado de la cama, no tenía ganas de seguir adelante con nada que tuviera que ver con la vida. Si hubiera podido hablar, hubiera rogado al médico que dejaran de darme esos malditos batidos y que me inyectaran un montón de droga en las venas, bien para morir de inmediato o, al menos, disfrutar mientras me voy esfumando. A cambio de eso, me levantan igual que todas las tardes. Me llevan de lado a lado sin saber realmente lo que yo quiero, asumiendo que saben perfectamente lo que es mejor para mí, sin contar conmigo. Voy de un despacho a otro, todos igual de decepcionantes.

Una vez he acabado los trabajos de la tarde, me desplazan hasta la sala de visitas. Allí me esperan Rocco y Teresa. Pensaba que al menos hoy me libraría de volver a verla, después de toda la mierda que me ha soltado esta mañana. La encuentro de mejor humor, incluso sonríe. Me dice que a mediodía la han llamado del partido Azul verdoso, mis antiguos compañeros. Dice que le llaman de parte del ministerio de servicios sociales, atendiendo a la petición de ayuda que había hecho ella, el que en su día era responsabilidad de José Antonio, no sé quién lo llevará ahora. Me dicen que en los próximos días me iban a proporcionar una plaza en un centro de estancia de los que pertenece al estado. Me cago en Dios, son unos centros de mierda que sólo sirven para aparcar a la gente, no sé hasta dónde puede llegar mi desdicha. "Artur les he dado las gracias y he dicho que lo cursen en cuanto puedan. Tienes que entender que el niño y yo tenemos que seguir con nuestra vida hacia adelante, con sus estudios, el proyecto para que se convierta en una persona de éxito. Las perspectivas que nos ha dado el médico han sido bastante malas, así que cuanto antes nos hagamos a la idea será mejor para todos". Mejor para ti, maldita hija de puta. Me quiere abandonar en una perrera humana y, lo más jodido, que comprenda la situación. Quiere que entienda que debo sacrificarme por el bien de la familia, aún más. "Hijo, puedes ir a buscarme un café, por favor. Toma un poco de dinero", lo manda a que se pierda un rato. "Tienes que entender cariño que tú y yo hace tiempo que no somos una pareja convencional. No has empleado un poco de tu tiempo a tu familia, disfrutando con nosotros. Siempre pensando en cómo escaparte lo antes posible a tu piso del partido, sin tener en cuenta si Rocco o yo te necesitábamos. Por ello, creo que lo justo ahora es que la pensión que te ha quedado va a ser utilizada para que tu familia pueda seguir manteniendo el estatus que nos hemos ganado. Y nos lo hemos ganado en sufrimiento, en abandono, en sentirnos la última mierda de tu vida. Como si fuéramos una complicación o un obstáculo a tu carrera política. Allá donde quieran darte plaza en un centro residencial, yo te garantizo que no te faltará de nada, tu hijo y yo te visitaremos con frecuencia. Pero no pienses ni por un jodido instante que vamos a sacrificar nuestra calidad de vida para que te limpien el culo con hojas de seda en lugar que con papel. Esto es lo que hemos conseguido entre los dos Artur. No querría que te sintieras abandonado, porque no es así. Quiero que te quedes tranquilo respecto a que tu familia va a estar bien". Concluye mi querida esposa. Lo cierto es que me ha dejado retratado y no voy a poder rebatir absolutamente nada. Mi cabeza está yendo a mil por hora, tengo mil respuestas para darle y mandarla a tomar por culo. Si por lo menos pudiera comunicarme, de la forma que fuera, pediría que esta arpía no fuera mi representante legal y, mucho menos, quien gestione mis ingresos. Vuelve el crío y se despiden rápidamente, con el maldito beso sonoro. Me aparcan para que pueda mirar por una ventana hacia una parte de la ciudad, más bien fea, en una tarde soleada que comienza a caer.

CAPÍTULO 19

Pasaron unos cuantos días más desde la trascendente charla con Teresa. Debo decir que todos ellos fueron iguales. Me llevaron de aquí para allá, trabajaron conmigo los diferentes profesionales del centro, pasé gran cantidad de horas mirando la tele, la ventana o la nada y me cagué no sé cuántas veces encima. Esa es mi vida ahora y sólo tiene expectativas de empeorar. Aunque parezca increíble, me he ido acostumbrando, mínimamente, a esperar para todo, a que debes confiar en una carambola de suerte para que alguien satisfaga lo que realmente necesitas, a estar alrededor de una hora con el culo y la parte baja de la espalda llena de tus heces, hasta que alguien tiene la suficiente sensibilidad o capacidad olfativa y se deciden por limpiarme o por avisar a la persona encargada de hacerlo. Por el momento mi principal deseo es que alguien o algo pueda acabar con mi vida de inmediato, si fuera posible no terminar esta frase, sería lo más cerca que podría estar ahora mismo de la felicidad. Cualquier muerte me vale, rápida o lenta, indolora o sufriendo la mayor de las torturas, digna o cubierto de mi propia mierda… es igual, sólo necesito saber que esto va a terminar en éste mismo día, pero parece que nadie va a ser capaz de escuchar mis sordos ruegos.

Como digo iban pasando los días, todos iguales. La única diferencia eran los domingos en los que las actividades quedaban reducidas a la mínima expresión y el rato de tele, ventana o nada se multiplicaba a todo el día. Uno de esos domingos diferentes vino a visitarme mi esposa y Rocco. Teresa parecía algo contenta, al menos esa expresión de compungimiento perpetuo había cedido notablemente. Estuvieron conmigo un rato por el centro, antes de salir a dar un paseo ellos y un rodeo yo. Hacía una buena mañana de domingo. Me acababan de dar mi toma de mediodía del puto batido color ocre, pero ello no hacía que me sintiera mejor, sólo que no muriera. Fuimos a una terraza y mientras ella se pidió una cerveza y mi hijo un café, yo me quedaba mirándolos con cara de gilipollas, así me sentía al menos. He de decir que mi familia son por el momento las personas que menos empatía han sabido manifestar con mi situación. No me refiero a que, tarde o temprano, acaben desentendiéndose de mi situación, eso puedo entenderlo. Me refiero a esas pequeñas actuaciones que consiguen minarte la moral como comer o beber delante de mí, pasearme por una sala entera para que pueda ver mi reflejo o no pedir ayuda cuando empieza a oler a mierda la habitación. Pronto Teresa me informa a qué es debido tanto entusiasmo contenido.

Me informa que hace unos días, no sé a qué ha tenido que esperar tanto para contármelo, le llamaron desde servicios sociales para informar que ya se podía formalizar a partir de mañana mi ingreso en un centro residencial. Era una noticia esperada, pero quizás no tan pronto. Como bien digo, iba acostumbrándome, aunque de forma algo tibia, a la situación que me iba a acompañar el resto de mis días. Parece que la vida, el destino, el karma o lo que sea estaba decidido a no darme una tregua. Cada noticia mala sólo tiene la intención de empeorar. El all in todavía no había llegado.

Al día siguiente, el lunes, me iban a trasladar a una residencia que se llamaba Santo Tomás de Aquino. A pesar del nombre de santo no estaba gestionado por religiosos, lo cual me dio un ligero alivio. Es un centro que se encuentra en uno de los barrios periféricos de la ciudad, que cuenta con mucho polígono y cero interés. Aunque el centro fuera de titularidad nacional lo gestionaba una empresa privada que se dedicaba a las residencias de viejos. Perfecto, pensé, ahora voy a vivir en un puto centro para abuelos trastornados. Mi esposa se estaba aficionando a darme malas noticias y dejarme hecho una mierda hasta que le dé la gana de volver. Me siento un poco como si estuviera en la cárcel, me dedico a mi día a día en mi prisión, el resto para mí ha muerto, pero cada vez que recibo noticias de fuera de mi supervivencia me dejan hecho polvo hasta el siguiente vis a vis, en que la situación continúa empeorando mientras no paras de darle vueltas a la cabeza sintiéndote completamente impotente para modificar lo más mínimo tu penosa situación.

Así pasé la tarde, pensando en cómo sería el nuevo centro. Hubiera querido no levantarme de la cama, pero mis deseos a partir de que sufriera el infarto han pasado a algún plano invisible. Después de cambiarme el pañal y levantarme de la cama sucedió la enésima toma de batido. Entonces me llevaron al salón de visitas, donde quedé aparcado el resto de la tarde viendo sin ver la televisión, contemplando la gente que iba y venía con sus familias o solos. Pero yo me sentí la persona más desgraciada del mundo, la más sola y la más desdichada. Me hubiera cambiado por cualquier ser humano, cajera, empresario, basurero, yonki o puta, quien fuera me valía para al menos poder sentir y gritar y equivocarme y reír y llorar y matar; incluso muchos animales me hubieran valido. La incertidumbre de qué me iba a encontrar me tenía sumido en un estado ansioso que hizo que deseara ansiolíticos con todas mis fuerzas. A cambio de eso una buena dosis de programas de mierda en televisión y soledad, mucha soledad. Cuando fue llegando la hora de la cena, me dieron mi basura de alimento y después de otro cambio de pañal, me acostaron, nuevamente antes de las ocho de la tarde. Como era de esperar quedé mirando a la nada durante algunas horas, debido a mi intranquilidad no me podía dormir. Hasta que llegó otra toma más de batido y supongo que algo para no molestar mucho en mi última noche. Unos pocos minutos más tarde y quedé profundamente dormido.

Fui despertado a mitad de noche, como siempre, para que me cambiaran el pañal y más batido. Quedé un tiempo más desvelado, pero sorprendentemente volví a dormir, más pronto de lo que pensaba.

A la mañana siguiente me levantaron como el resto de los días. Laura y Tania fueron las que me lavaron y vistieron ese lunes, mi último lunes en su clínica. Sinceramente agradecía que fueran ellas las que me brindaran ese último servicio con ellos, ya que siempre fueron amables conmigo a pesar de realizar la tarea más ingrata. Otra toma de batido más y cuando finalizó llegaba Teresa. Me dio su puto beso sonoro en la mejilla, lo que me hizo recordar que el día anterior no me lo proporcionó, confirmando mi teoría, sólo me lo da cuando hay gente delante, fingiendo ser una esposa amorosa y preocupada. Me dijo que en poco rato llegaría un coche adaptado para llegar al nuevo centro, mientras ella iba a recoger mis pertenencias de la habitación. Creo que se refería a mis escasos artículos de higiene y a toda esa ropa de deporte que no hubiera vestido en mi vida.

Uno a uno fueron pasando los diferentes empleados del centro con los que en algún momento estuvieron trabajando conmigo a despedirse. Algunos eran más sinceros que otros. Algunos tenían más gracia que otros. Yo me sentí agradecido por la muestra de cariño. No querría saber si era sincera o protocolaria, realizándola con cualquiera que sea el paciente que abandona el centro. Estaba tan falto de cariño, contacto cálido o comprensión que para mí supuso más de lo que hubiera imaginado hace algunos meses. Una vez la despedida general se consumó, mi esposa derramó sus asquerosas cuatro lágrimas de rigor, evidenciando la falsedad más asquerosa del mundo. Laura me subió a la rampa del vehículo adaptado y aquí finalizó mi aventura en la clínica de rehabilitación, en la que no consiguieron rehabilitarme nada. Sólo conseguimos confirmar que iba a estar así el resto de mis días.

Después de unos cuarenta o cuarenta y cinco minutos de desplazamiento llegamos a mi nueva residencia. Durante el trayecto sólo ha reinado el más estricto silencio. Parece que mi esposa no ha juzgado al conductor lo bastante importante como para tener que interpretar el papel de esposa modelo. Conforme bajo por la plataforma lo primero que me golpea es una entrada bastante grande, con aspecto de no ser demasiado antiguo. Encontramos que se encuentran guardando las puertas dos viejos, uno de los cuales va en silla de ruedas, fumando y sin hablar entre ellos, más bien separados ya que están uno a cada lado de las enormes puertas, quizás para evitar competir por el cenicero.

Una vez rebasamos las puertas con sus dos improvisados vigilantes, entramos en la residencia propiamente dicha. Nos topamos con una gran zona de recepción con una señorita que nos recibe con amabilidad, aunque el uniforme es un polo azul más bien desgastado. La primera impresión del interior me trae a la memoria el ministerio de agricultura. Una gran tristeza y un ambiente deprimente y oscuro impregna toda la estancia. Al lado de esta entrada el ministerio parece una sala de fiestas de Dubái. En breves instantes acude a la recepción la directora del centro, una tal Anabel. La verdad es que tiene pinta de alimentarse sólo de café y cigarrillos, subsistiendo los días de entre semana gracias a una gran ración de pollas múltiples y desconocidas, de las que ha quedado empachada el último fin de semana. Dice quedar encantada de poder recibir a alguien tan ilustre como mi persona; esta idiota parece que no se ha dado cuenta que ahora soy menos ilustre que el pakistaní que vende latas de cerveza por la calle. Mientras la directora y mi esposa departen de forma insustancial, llega una enfermera de uniforme morado que me quiere llevar a conocer al médico. Se presenta como Nina, es extranjera y nada atractiva. Me extraña porque no parece que hable muy bien nuestro idioma, pero estará al cuidado de mis necesidades, vamos mal. Entro en un pasillo muy largo y muy oscuro. Parece que va a ser mi corredor de la muerte particular, no puedo dejar de fantasear con ello. Me recibe un señor que aparenta tener mi misma edad, bastante alto y delgado. No es capaz de dar apariencia de serio, parece más bien simpático. No puede escapar a mi atención que no cesa de tocarse los genitales, de forma que él cree disimulada, por encima de los pantalones. Después de hacer algunas preguntas a Teresa acerca de mi cuidado, medicaciones, diagnósticos, etc… deciden acompañarme a la que va a ser mi nueva habitación.

Todo el trayecto a lo largo del centro descubre ante mis ojos un sinfín de residentes cuya media de edad rebasa con exceso los ochenta años. Las instalaciones a pesar de no ser muy viejas, desprenden un hedor a cerrado, a haber sido demasiado utilizado y a orines que no puede pasar desapercibido. Después de subir en un ascensor de cristal Nina, Teresa y yo, llegamos a un salón bastante grande con sillones y varias sillas de ruedas, todos ellos ocupados por viejos de distinto calado y misma pinta. Se encuentran todos dispuestos alrededor de una televisión que emite un programa de corazón en el que se hablan a gritos, muy relajante. Mi habitación es la primera del pasillo hacia la izquierda, una vez hemos rebasado el salón de la tele. Por el camino me van presentando gran cantidad de trabajadores con uniforme rosa, de los cuales en este momento no puedo recordar los nombres en concreto. Sí me llama la atención que la ratio de nacionales con extranjeros debe ser mitad y mitad.

Como digo mi habitación es la primera a la izquierda. La sorpresa es enorme al descubrir que no voy a poder disfrutar de una habitación individual. Me informan que mi compañero de habitación es un tal Pascual, luego tendré la oportunidad de conocerlo, aunque tengo tantas ganas de ello como de recibir patadas en la cara. La habitación es bastante pequeña para dos personas, más teniendo en cuenta mi situación y lo que ocupa mi silla de ruedas y la grúa para echarme. Teresa se muestra muy agradecida y encantadora con todos, con todos menos conmigo. Una vez se marcha Nina, mi esposa guarda mis escasas pertenencias en los diferentes estantes del armario que me han asignado. Conforme más tiempo estoy en la habitación más me inunda el olor a orina. La habitación parece estar recogida pero terriblemente lejos de estar limpia. Me enseñan también el lavabo de nuestro cuarto, aunque todos sabemos que no podré utilizarlo.

Quedo aparcado junto al resto de viejos alrededor de la televisión, previo beso de Judas de Teresa. Me dice que va a formalizar algunos documentos de mi ingreso y me deja ahí un rato. Mientras voy haciendo un repaso por todos los residentes. Algunos dan asco, otros dan miedo, unos inspiran ternura y otros dan bastante risa. Si hay un nexo común que los une a todos, podríamos indicar una higiene muy deficiente. La mitad están dormidos o dormitando con la boca abierta y la baba cual cascada emergente. Uno está hablando cosas sin sentido sin nadie que lo escuche. Dos viejas en silla de ruedas, algo más apartadas, charlan mientras me miran sin vergüenza alguna. Son maleducadas, ya que no parece que estén mal de la cabeza.

Al cabo de algunos minutos, que se me hicieron bastante largos, acudió de nuevo mi esposa al salón donde me había aparcado. Me dijo que me iba a acompañar a la sala de fisioterapia y terapia ocupacional, donde iba a seguir haciendo algo de rehabilitación. Me produjo una sensación satisfactoria y de leve descanso, dentro de tanta inmundicia, al menos que me paseen por el centro y realizar, aunque sea por fuerza de otros, cosas diferentes, ayudará a que los días todos iguales, sean un poco menos iguales. Conforme sigo avanzando por el centro y conociendo departamentos nuevos o estancias diferentes, la sensación deprimente y triste, muy triste, se hace cada vez más insoportable. Ahora mismo sé que no es lo mismo venir de visita que venir sabiendo que te vas a quedar para siempre. En mi caso el para siempre pueden ser muchísimos años, no nos engañemos, aunque me haya dado un ictus, no llego a los sesenta años y eso implica que podría estar aquí unos veinte más. Sólo el hecho de pensar que puedo estar tanto tiempo rodeado de estos viejos u otros iguales, rodeado de tanta suciedad, tanto olor a meados me sumerge en las más oscuras y deprimentes sensaciones que haya podido experimentar. Habiendo sido una persona tan importante, he podido cambiar el destino de este condenado país, gobernar de la mano de unos cuantos desagradecidos, facilitar el acceso a ministerios a antiguos amigos, a los cuales no he visto el pelo desde ese maldito día en la cámara. Teresa dice que algunos compañeros la llamaron los primeros días, que todo eran buenas intenciones y pocas soluciones. Ya no sé qué creer. Al final ésta que me empuja y que se hace llamar mi esposa ha decidido hablar en mi nombre lo que se le antoje y por mi parte nunca podría enterarme de nada o defenderme de tamañas ofensas. No comprendo cómo puedo verme así. Tan necesitado de todo y tan carente de lo más mínimo. Si tuvieran a bien dejarme abandonado en un bosque, lo cual me haría la persona más feliz de la Tierra, no creo que tardara más de un día en morir de hambre, sed, que me mordiera un zorro o yo qué sé.

Llegamos al gimnasio y nos reciben dos chicas con pijama azul. Una es gordita, con gafas, me resulta graciosa porque lleva una trenza puesta de lado, pretendiendo ser pizpireta y coqueta, con escasos resultados. La otra joven es bastante más agraciada, es bajita, pero tiene un bonito moreno de piel con unos preciosos ojos azules y su figura está bien estilizada. El gimnasio no tiene unas enormes instalaciones ni disfruta de los últimos avances en gimnasia, pero eso tendrá que importarme poco, nunca jamás lo volveré a visitar. A lo lejos veo al médico fumando en la calle y hablando por teléfono, mientras no para de rascarse la entrepierna.

Una vez hubieron resuelto con Teresa todas sus dudas las dos fisioterapeutas, nuevamente me acompañó al salón de mi planta. Al tiempo supe que mi módulo correspondía a los que mejor estaban, pero no me parecía que estuviéramos casi ninguno ni medio bien. Mucha silla, mucha baba y mucho olor a mierda. Una vez llegamos al salón, uno de los auxiliares rubio con perilla y pendientes, la verdad es que parecía simpático, le dijo a mi esposa que dónde preferiría que yo estuviera ahora, puesto que era la hora de la comida y debían los demás residentes bajar al comedor, así que tendría que quedarme solo. Ella no lo pensó ni un instante y haciendo gala de nuevo de su nula empatía y comprensión conmigo, le pidió que me bajaran también al comedor, "así que no se sienta solo y vaya conociendo un poco a los demás. Sí, creo que es lo mejor", afirmó. Jodida torturadora, creo que no podría haber nada más doloroso que ver como los demás están comiendo la bazofia que aquí sirvan mientras tú sufres hambre perpetua. Nunca llegaré realmente a saber si era premeditado o realmente la imbécil creía que estaba haciendo algo en mi bien.

La comida era algo esperpéntico. No contaban conmigo, ya que quedé apartado delante de una columna mientras iban entrando el resto de residentes para comer. Había un poco de todo, los que entraban solos con sus bastones o andadores, los que tenían que ser empujados por trabajadores de pijama rosa porque estaban muy mayores y otros que también debían ser llevados por empleados porque parecían estar hechos polvo. Quedé cerca de una mesa que estaba ocupada por una señora que tenía los ojos tamaño pulga. La llamaban Laura, Laurita y demás diminutivos cariñosos, pero ella no tenía una mínima muestra de agradecimiento o calidez. En un momento que nadie la veía o eso pensaba ella, se metió rápidamente tres pedazos de pan al bolso. Acudió una trabajadora voz en grito: "Laura, suelta eso que te he visto. Que manía con dar de comer a los gatos". Ella se excusaba que no tenía nada, pero le quitaron una bolsa de plástico sacando el contenido. La bolsa estaba llena de basura, recipientes de yogur vacíos, trozos de pan, pieles de diferentes frutas… un asco. Más adelante sabría que esta imagen era prácticamente de diario. Al cabo de unos minutos otra señora venía del brazo de un trabajador y la sentaron a su lado. Hablaba muy alto y saludaba cariñosamente a todos. La llamaban Cordera. Una vez quedó sentada se lo agradeció al chico: "muchas gracias cariño. Te quiero como si fueras mi nieto. Te mereces un sofá en el cielo con dos sillones y tres cojines de terciopelo. Se lo digo a quien se lo merece y tú te lo mereces".

La comida tenía una pinta horrible. Aunque hubiera eliminado a cualquiera de ellos con tal de poder llevarme un pedazo a mi boca. Todo el tiempo de la comida fue un sufrimiento para mí, viendo el pasar de alimentos, jarras de agua, frutas. Mientras duraba el castigo de la comida, me imaginé a mí mismo torturando a mi esposa. La tenía atada a una especie de tronco dentro de una mazmorra, última moda siglo XVII. Le atizaba con un látigo y tenía una excepcional puntería. Acertaba en los pezones, primero el derecho después del izquierdo, con el tercer latigazo conseguí darles a los dos a la vez. Después me acerqué y comencé a abofetear su operado rostro, consiguiendo hacer brotar la sangre de sus narices.

Una tos fuerte y profunda me sacó abruptamente de mi ensoñación. Era un abuelo que parece que se ahogaba. Se acercó una chica y tras golpear fuertemente su espalda, parece que la tos cedió. Se había puesto rojo como un pimiento. En menos de un minuto había vuelto a engullir como un auténtico cerdo.

La comida fue enormemente deprimente, una más. Después nos fueron llevando por turnos a nuestros respectivos salones. De camino hubo un atasco sorprendente de gran cantidad de gente en silla de ruedas para acceder a los ascensores. Los que podían andar se iban colando hasta el principio con total impunidad. Cuando hubo llegado mi turno, vi como la chica del comedor de pijama morado le decía algo a otra chica de pijama rosa señalándome a mí. Al llegar a la planta decidieron acostarme. Me colocaron en una grúa y me acostaron, todo con mucha menos delicadeza de la que tenía por costumbre. Me voltearon con brusquedad para ver el estado de mi pañal, al estar limpio de heces ahí que se quedó. Una vez quedé acostado vino la chica de morado a la habitación con el batido color ocre, está siendo el color de mi personal pesadilla. La joven no se presentó, casi lo agradecí. No sé la razón, pero el batido me sentó como un tiro. Es como si me sintiera muy empachado y era la primera vez que me pasaba. La verdad es que ella acabo enseguida. La sensación me era muy molesta, pero a ver a quién coño le importa.

Mientras acababa de meter el demoníaco líquido por mi sonda, entró en la habitación el tal Pascual, mi compañero de habitación. Creo que es la persona que más asco me ha dado en toda mi vida. Mi suerte no para de cambiar, concretamente a peor. Era bastante corpulento y tenía cara de estar seriamente trastornado. Su rostro estaba repleto de pieles secas, vestido con un bigote lleno de restos de comida. Su mirada era de estar en otro sitio. Entró por su propio pie, aunque el andar era muy torpe. Caminaba a empellones, con el pie derecho siempre por delante del izquierdo. Su aspecto sucio y descuidado me resultó el resumen perfecto de la residencia. Hablaba muy bajito y sólo decía "un cigarro, un cigarro, un cigarro, un cigarro", la chica que me alimentaba le dijo que hasta la tarde nada. Él respondió "me cagao, me cagao, me cagao, me cagao". Ella llamó a gritos a un tal Israel. Acudió a la habitación el chico de perilla que vi nada más llegar a la planta. "el Pascual, que se ha cagado dice" dijo la chica. "Espera que voy a por una palangana y esponjas, porque éste cuando caga le falta nada para salirse de la habitación", respondió Israel. Acabó la joven con la sonda y se marchó sin despedirse. Volvió Israel y se dispuso a limpiar a Pascual y una vez comenzó, el olor a mierda inundó la habitación, resultaba imposible no advertir o pensar si quiera en otra cosa que no fuera ese asqueroso olor.

Cuando estuvo limpio cerraron la habitación y quedamos los dos compañeros de piso solos. La verdad es que me sentía bastante inquieto. Pascual se levantó y se encaramó a la ventana. Se encendió un cigarrillo. Fumaba con tal ansiedad que creo que no le duró ni un minuto. Le oías como inhalaba con cada calada y parecía que llevaba buceando a pulmón durante cinco minutos y al salir intentará meter todo el oxígeno del planeta en su cuerpo. Cuando hubo terminado se fumó otros dos cigarrillos en las mismas condiciones, sin sacudir la ceniza de ninguno de ellos. Cuando volvió a su cama observé que tenía los dedos de las manos, sobre todo la derecha, completamente quemados. Yo pasé completamente inadvertido para él. No me dirigió ni una triste mirada. Era tan poco importante para él que, si me estuviera ahogando, creo que no se daría cuenta. En un suspiro estaba roncando como un oso.

CAPÍTULO 20

Han pasado dos semanas desde que ingresé en esta residencia. No he podido vislumbrar un mínimo de esperanza. Todo es muy desalentador, triste y asqueroso. Los abuelos pasan horas desde que avisan que están sucios y los llevan al baño o les cambian el pañal. En mi caso es completamente aleatorio. Revisan mi pañal al levantarme por la mañana, después de la siesta, al acostarme por la noche y otro a mitad de noche. Si tengo la mala suerte de cagarme nada más que me levanten de la siesta, me llevaran de aquí para allá con todas mis heces subiendo por mi espalda y bañándome la entrepierna. Las duchas eran inexistentes, me lavaban en la cama y, dependiendo de la persona que lo hacía, sólo me limpiaba el culo y los genitales. Podía pasar dos días enteros sin que nadie cayera en lavar mi cara y quitarme las legañas. También era frecuente que quedara durante una mañana o una tarde entera en la cama y sin levantarme, sin yo advertir ninguna razón aparente.

En este momento sufro un dolor importante de estómago. Noto como unas punzadas a lo largo de las tripas. No sé qué puede ser. Sólo tengo la esperanza de que sea un cáncer terminal y fulminante. Paso demasiadas horas imaginando mi muerte últimamente. Debido a mi estado y donde me encuentro, sólo se me ocurre alguna infección que pase inadvertida, debido a la escasa atención que me prestan, convirtiéndose en intratable llegado el momento. Ha venido uno de los enfermeros, los que visten de morado, alertado por una de las chicas de rosa, las cuidadoras. Ha estado examinando mi tripa y refiere que está muy hinchada. De esta forma me voltean hacia un lado entre los dos. Una vez quedo volcado completamente sobre mi lado izquierdo, Ánder, el nombre del enfermero, me introduce algo por el culo. Joder, que sensación más molesta y siento como lo introduce casi hasta que me sale por los ojos. De forma repentina noto un gran alivio de mis molestias estomacales.

Comienza a oler terriblemente mal la habitación. "Joder que peste" espeta la chica en voz alta. "Cuando están así, a veces no pueden echar los pedos y se quedan ahí, como una pelota de aire. Entonces hay que sacarlos con una sonda, porque además duele bastante" explica Ánder refiriéndose a mí. La verdad es que pensaba que la primera vez que me habían limpiado las heces había sido lo más vergonzante de mi vida, pero esto ha sido muy denigrante. "Ay pobrecillo que no puede echar los pedos" me dice ella mientras ha acercado demasiado su cara a la mía. Su broma no me ha hecho sentir peor, sólo que crezcan en mí unas ganas terribles de poder gritarle, escupirle y humillarla tanto como me siento yo.

Hace dos días vino a verme Teresa. Era la primera vez que venía desde mi ingreso aquí. Pensaba que estaría un poco más arropado, aunque no la he echado de menos. Me contó que Rocco se iba a marchar a estudiar al extranjero. Había conseguido aprobar el curso, a trancas y barrancas. Iban a aprovechar que había plazas libres de derecho en una prestigiosa universidad, cuando digo prestigiosa quiero decir carísima. Van a disfrutar de mi pensión los dos, a cuerpo de rey. No van a echar ni un vistazo por el retrovisor y comprobar si yo llevo cinco minutos o cinco horas con el culo cagado. Mientras me contaba asuntos superficiales yo empleaba todo el inexistente poder de mi psique rogándole que me matara, que acabara con esta tragicomedia, mi vida ya no merecía ser vivida y mi recuerdo que no debe perdurar así. Nuevamente pude observar el entrenado beso que me dio en la mejilla al llegar, porque me encontraba en el salón con más gente. Su sonoridad se me hacía tan familiar como insoportable. Al despedirse no recibí tal atención, estábamos los dos solos en mi habitación. Me alegró que no viera a mi compañero de habitación, creo que ver que dormía con tal elemento le habría dado una satisfacción que no merece.

Pascual era tan sorprendente como asqueroso. A los días me pude enterar que era profesor de matemáticas hace algunos años. No era demasiado mayor, pero debía sufrir algún trastorno mental que hizo imposible que viviera por su cuenta. Como me ha pasado a mí, aunque yo sólo conservo la cabeza. En varias ocasiones, lo contemplo con envidia. Con su decrépito cuerpo, sus andares de chiste, su sucia vestimenta y su rostro siempre lleno de comida, pieles o mocos. Daría lo que fuera por tener mi consciencia alterada, mis valores en el suelo, mis anhelos podridos, por poder andar, comer, reír, gritar o llorar. Cada vez me lamento más de no haber podido vivir la vida de forma más sincera. He podido hacer lo que me ha dado la gana, disfrutando de placeres al alcance de pocas personas. Pero mi mejor sonrisa siempre ha sido mi tarjeta de presentación. Debo ver castrada mi capacidad de comunicarme sin haber mandado a tomar por el culo a mi suegro, sin haber podido discutir abiertamente con José Luis, siempre hablando sin decir nada como político, con tantas cosas que decir ahora y sin poder hablar. Me quedo con unas ganas que laceran mis entrañas de poder humillar a mi esposa como ella está haciendo conmigo desde que ocurrió todo esto. Gritarle que no va a tocar una moneda mía más mientras esté con un aliento de vida. Que vaya mudándose a casa de sus ricos padres, porque en la mía no iba a durar ni un segundo más. A Rocco no iba a gritarle, él siempre ha sido un espectador secundario en mi vida y así continuaría siendo. Pero queda claro que conmigo no se iba a quedar. Si se marchaba al extranjero, igual sufragaba sus gastos, pero conmigo ni en broma.

En mis ensoñaciones también recuerdo lo divertidos que eran los tejemanejes del poder. Si me nombrarían algo importante, si me sustituirían, si tal ministro está en la cuerda floja, el lio de faldas del presidente, que hay que tapar a toda costa, la marcha de una campaña, los plenos en la cámara alta, acordando con el partido contrario donde dar y hasta donde llegar en las réplicas. Siento que he vivido una vida plena que sólo me satisfizo una vez la perdí. Si pudiera volver ahora no me iba a callar ni una. No me iba a perder una noche de putas ni desechar una raya de cocaína.

Mientras estoy absorto en mis cavilaciones, una vez que ya me han levantado, viene una de las cuidadoras y, sin mediar palabra, retira el freno de mi silla y me lleva a una pequeña sala aparte. Es una especie de despacho, cercano al de la directora y resto de equipo de administración. Es la zona más iluminada del centro. Mientras todos los que allí vivimos permanecemos siempre en penumbra, estos hijos de puta gozan de la maravillosa visión del sol o la niebla, aunque sólo estén unas horas al día.

Quedo aparcado en el susodicho despacho y la chica de rosa se va. En unos instantes entra en la habitación Jorge, mi querido Jorge, mi antiguo camarada. El que fuera ministro de industria, ahora no sé qué será. Cuando me ve tan de cerca noto como sufre un gran impacto. Se esfuerza en disimularlo, pero lo hace muy mal. Nos conocemos hace demasiado. "¿Qué pasa Artur?, joder cuanto tiempo ha pasado eh. Quería haberte visto antes, mucho antes, pero Teresa ha hecho todo lo posible para que los que teníamos ganas de verte fuéramos posponiéndolo hasta el olvido. La verdad es que es una putada lo que te ha pasado. Cuando vi cómo te sacaban ese día en la cámara, pensaba que te habrías mareado o algo similar. Luego cuando lo supe, me quedé blanco. Durante algunos días estuvo saliendo el asunto en la prensa, televisión, periódicos, etc. Pero, ya sabes cómo va esto. Con el paso del tiempo, la atención fue dirigida hacia un desfalco, una infidelidad y, por supuesto, las elecciones. El partido tuvo la excusa perfecta con tu renuncia y marcha a la oposición para pasar del tema sólo con una breve nota de prensa. También tienes que saber que han puesto en tu cargo a Mariano. Ya puedes imaginar, colocar al más cabrón a trabajar con todos… es un puto desastre. En cuanto sale tu nombre en cualquier asunto o corrillo, siempre hay alguien afín a José Luis y su rebaño que desvía la atención. Es como si nunca hubieras existido amigo. José Antonio y yo nos acordamos mucho de ti. No se ha atrevido a venir, lo acaban de sacar de asuntos sociales y cree que si le pillan viniendo a verte igual lo mandan de asesor a agricultura, como a ti. Joder, que tiempos hemos vivido eh. Desde críos en la urbanización, yendo a por caramelos al Sabores, jodiendo los portales o colándonos en el colegio de al lado. El otro día le conté a mis hijos cuando nos fuimos a la carretera que va al parque de atracciones, la que estaba al lado de donde vivíamos y tirábamos piedras con nuestros tirahuevos caseros. Mi mujer me miró como si estuviera loco y me echó una bronca, vaya ejemplo me dice. Joder, que gilipollas. Yo sigo en industria, no sé si lo sabrás. No hay día que no me acuerde de ti y agradezca que me recomendaras en su día para hacerlo. Teresa te ha hecho una buena putada metiéndote aquí. Pero estoy atado de pies y manos. Hasta que no pase un tiempo no puedo mover nada y mandarte quizás a un sitio mejor. Es tu representante legal y única y ha enterrado todo lo que te concierne. No me voy a olvidar de ti amigo. Sólo ten un poco de paciencia y déjame hacer. Bueno ahora tengo que irme. En un tiempo vuelvo a verte socio". Me dio un abrazo y se marchó.

Una vez se hubo ido Jorge me llevaron de nuevo al salón de la planta. Arranqué a llorar. Desconsolado. Había tenido múltiples ocasiones y motivos más que aquel para llorar. De hecho, pensaba que no podría llorar debido a la parálisis que sufría. Pero en ese momento no pude ni quise contenerlo. Lloraba por lo que fui, por lo que soy y por lo que seré.